키즈스피치
원장들의 수다

아동스피치 전문가 5인, 엄마들의 고민에 답하다!

키즈스피치 원장들의 수다

유주화·이진겸·허미란·이은지·김예빈 지음

" 말 잘하는 아이가 주목받는 시대!
스피치 교육은 필수입니다. "

#엄마의 대화법

평균경력 10년 이상
전지적 원장 시점
솔직 경험담
다양한 코칭 사례
기적같은 변화

#엄마표 스피치 훈련법

좋은땅

원장들의 수다

벚꽃이 흩날리던 4월의 어느 날, 신촌의 한 카페에서~. ^^

주화   원장님들~ 안녕하세요!

진겸   정말 오랜만에 다 같이 만나네요. ^^

은지   요즘 날씨 정말 좋아요~. 잘 지내셨죠?

미란   다들 얼굴이 더 좋아진 것 같아요~.

예빈   저는 얼굴이 더 동그래졌어요!

웃음꽃이 피어나는 수다의 시작. ^^ 주문한 음료와 디저트가 나오니 갑자기 바빠지는 그녀들.

주화   다들 어떻게 지내셨어요? ^^ 근황이 궁금해요!

진겸   아! 쌤들, 수빈이 아시죠? 저희 센터에서 명예 졸업한 친구요! 얼마 전에 고민이 있다면서 저에게 상담을 하더라구요. 오랜 시간이 지나도 두드림을 잊지 않고 가장 먼저 찾아 준 것이 무척 고마웠어요~.

🔵 **주화** 선생님께서 워낙 이야기를 잘 들어주시니까 아이가 솔직한 마음을 털어놨겠네요~.

모두 고개를 끄덕이며 공감한다. ^^

🔵 **미란** 이런 경우가 종종 있다 보니 우리가 키즈 스피치 교육을 하고는 있지만 사실상 아동 심리상담소 역할을 하는 것 같아요. 기본적으로 말하기에 자신감이 생기려면 자존감이 높아져야 하고, 그러기 위해 아이들 성향에 맞는 지도를 해야 하고…. 수업하면서 정말 공부 많이 하는 것 같아요.

🔵 **은지** 맞아요. 처음에 걱정 많던 아이들이 긍정적으로 바뀌는 모습 보면 정말 보람을 느껴요. 저랑 개인 수업을 하는 친구는 몇 년째 저와 하는데 어머님께서 전적으로 신뢰하시고, 앞으로도 계속 보낼 거라고 하시더라구요. ^^

🔵 **진겸** 오~ 멋져요. 은지쌤!

🔵 **예빈** 정말 신기해요. 아이들 저마다의 이야기를 잘 들어주고, 칭찬하고, 올바른 방향으로 나아갈 수 있도록 도와주면 아이들이 눈에 띄게 바뀌잖아요! 우리에게는 일상이지만 센터 보내고 좋은 영향을 받는 학부모님들 뵈면 뿌듯하기도 하구요~.

🔵 **진겸** 수업을 듣고 변화하는 아이들 덕분에 강의를 꾸준하게 할 수 있는 것 같아요~. 매 수업마다 에너지를 100% 쓰니까

조금은 힘들지만 지나고 보면 가슴 벅차고 감동적인 순간이 정말 많잖아요. ^^

미란 맞아요. 맞아요~.

이야기가 한창인 가운데 의미심장한 표정의 주화 원장님.

주화 잠시만요. 여러분!

예빈 왜 그러세요. 원장님?

주화 우리 지금 수다 떠는 내내 아이들 이야기만 한 거 아세요~?

은지 어머 그러네요! 편하게 만나도 매번 아이들 얘기만 하게 되네요~.

진겸 원장님들끼리 모여서 그런가?

미란 그만큼 우리가 아이들에게 관심이 많다는 거죠~.

잠시 후, 뭔가를 결심한 듯 밝은 얼굴로 얘기를 꺼내는 대표 원장님!

주화 쌤들! 이렇게 우리끼리만 이야기할 게 아니라 다 함께 책을 한번 써 보면 어떨까요?

예빈 책이요?

미란 어머! 정말 좋은 생각이에요~. 저도 전부터 같이 책을 쓰면 좋겠다고 생각했거든요!

은지 저도 좋아요~. 그럼 컨셉은 어떻게 하면 좋을까요?

진겸 이건 어때요? 우리 모두 원장님들이고, 부모님들께 조금

더 친근하게 다가가면 좋으니까 '수다'라는 단어가 들어
가면 어떨까요? 음…. '원장들의 수다'?

🙂 **은지** 원장들의 수다! 제목만 봐도 원장들은 어떤 이야기를 할
지 굉장히 궁금할 것 같아요. ^^

🙂 **주화** 어떤 분야인지 알려 드려야 하니까 '키즈 스피치 원장들
의 수다'로 하면 어떨까요?

좋은 아이디어에 모두 박수를 치며 동의한다. ^^

🙂 **진겸** 제목이 벌써 결정된 것 같은데요? 수다 떨듯이 편안하고
재미있게 우리 경험을 들려드리면 좋겠어요~~.

🙂 **은지** 5명이 겪은 각자의 케이스를 합하면 수천 명은 될 거예요.
여러 번 회의를 해야 할 것 같아요~!

🙂 **미란** 부모님들 고민을 해결해 드리는 챕터도 넣었으면 해요.
제가 부모 교육 특강을 하면서 만난 학부모님들 이야기
들어 보면 고민이 정말 많은데 어디서부터 어떻게 풀어야
할지 잘 모르시더라구요~~.

🙂 **예빈** 저희가 알고 있는 스피치 팁도 같이 전달 드리면 좋겠네
요! 가정에서 엄마와 함께해 볼 수 있는 다양한 스피치 놀
이 활동들이요~.

🙂 **주화** 우리 원장님들 강의 경력만 모두 합해도 40년이 넘는데
책의 퀄리티가 벌써부터 기대가 되네요. ^^

🙂 **진겸** 여러분, 저 벌써 쓰고 싶은 것 생각났어요! 선택적 함구증

케이스는 제가 꼭 맡고 싶어요~. 제가 수업한 아이 중에서 정말 긍정적으로 바뀐 친구가 있어서 하고 싶은 이야기가 많거든요~. ^^

🧑 **주화** 좋아요. 그럼 함께 『키즈 스피치 원장들의 수다』 회의하러 가 볼까요?

👥👥👥👥👥 **모두** 네~!

『키즈 스피치 원장들의 수다』는 이렇게 탄생하게 되었습니다!

만날 때마다 대화의 시작과 끝이 늘 '아이들과 스피치 교육'인 원장님들의 대화에 더 많은 부모님들이 직접 참여하면 좋겠다는 생각이 들어 책을 출간하게 되었습니다. 부모님들께서 갖고 있는 우리 아이의 여러 스피치 고민을 책 속에 풀어 놓고, 함께 해결책을 공유할 수 있는 대화의 장이 되길 기대해 봅니다.

'키즈 스피치 원장들의 수다'는 총 5개의 파트로 진행됩니다.

〈원장들의 수다 1. 전문가가 말하는 키즈 스피치 교육〉에서는 5인의 스피치 교육 전문가가 스피치 교육이 무엇인지 확실하게 알려 드립니다. 지금 이 시대에, 왜 우리 아이들에게 스피치 교육이 반드시 필요한지, 스피치 교육은 어떻게 이루어지는지 이해하실 수 있습니다.

〈원장들의 수다 2. 코로나 시대, 아이들이 보내는 위험 신호〉에서는 코로나 이후 달라진 우리 아이들의 모습을 담아 보았습니다.

'코로나가 시작된 이후 우리 아이 말하기가 멈췄다.'

이 문장에 공감하는 분들이 많을 것이라고 생각합니다. 요즘 아이들을

'코로나 세대'라고 부를 만큼 장기간 마스크 착용으로 인해 기본적인 소통에 어려움을 겪고 있는 아이들이 많습니다. 아이들이 점점 온라인 세계와 친해지며 스스로 사고하는 힘이 약해진 원인에 대해서도 함께 파악해 보려고 합니다.

〈원장들의 수다 3. 우리 아이 스피치 고민 상담소〉는 책의 하이라이트라고 할 수 있는 부분입니다. 상담 영역을 〈자신감 상담소〉, 〈자존감 상담소〉, 〈전달력 상담소〉까지 구체적으로 나눠 보았습니다. 이 파트에서는 수업을 통해 접한 다양한 케이스 연구 사례를 소개합니다. 스피치 수업을 통해 아이가 어떻게 변화하게 되었는지, 그리고 가정에서 지도할 수 있는 Tip까지 세세하게 알려 드리니 꼼꼼하게 읽어 보시는 걸 추천 드립니다.

〈원장들의 수다 4. 전문가가 알려 주는 엄마의 말 공부〉에서는 스피치 전문가들이 학부모님께 꼭 전하고 싶은 스피치 교육법에 대한 내용을 담았습니다. 부모님의 작은 변화가 나비효과가 되어 아이들에게는 커다란 날갯짓으로 다가올 수 있습니다. 아이의 올바른 성장과 말하기 습관에 변화를 주고 싶다면 원장들의 수다 4에서의 방법을 꼭 기억하고, 실천해 주시길 바랍니다.

마지막 〈원장들의 수다 5. 엄마와 함께하는 키즈 스피치 실전 교육법〉에서는 엄마와 함께하는 스피치 홈스쿨링 교육 방법을 알려 드립니다. 〈엄마와 함께하는 ○○○키우기〉 시간으로, 가정에서 해 볼 수 있는 다양한 스피치 수업법을 소개합니다. 발성과 발음 연습, 스피치 놀이 활동, 실전 무대 발표 활동까지 단계별로 꼼꼼하게 정리해 놓았습니다.

자, 그럼 지금부터 본격적인 수다를 시작하겠습니다!

원장들의 수다 3.   **우리 아이 스피치 고민 상담소**

원장들의 수다 4. 전문가가 알려 주는 엄마의 말 공부

원장들의 수다 5. 엄마와 함께하는 키즈 스피치 실전 교육법

전문가가 말하는
키즈 스피치 교육

1) 말 잘하는 아이가 주목받는 시대

자신의 생각과 감정을 표현하는 중요한 수단인 스피치는
"이제 선택이 아닌 필수입니다."

먼저 달라진 학교 풍경을 떠올려 보겠습니다.

2015년 교육 개정 과정이 개편되면서 과거 주입식 교육에서 토론식 팀 프로젝트 교육으로 교육 방식이 변화하며 단지 공부를 잘하는 것뿐만 아니라 내가 알고 있는 것을 말로 전달할 수 있는 능력이 필요하게 되었습니다. 초등학교만 해도 읽고, 쓰는 능력보다는 듣고 말하는 능력이 더욱 중요시되고 있으며 자신의 생각이나 의견을 이야기할 일이 참 많아지고 있습니다.

또한 초등학교 회장 선거부터 대입 면접, 취업 면접에서까지 스피치의 비중이 점차 커지며 자기 생각을 논리적으로 정리하고 정확하게 표현하는 능력은 필수인 시대가 되었습니다. 이렇게 스피치의 능력이 중요해지면서 말하기에 있어 자신감이 있는 아이들은 자연스럽게 주목받고 학업에서도 큰 두각을 나타낼 수 있는 반면 말하기 자신감이 부족한 아이들은 다양한 어려움을 호소하게 되었습니다.

이렇게 아이들의 학교 생활 전반에 걸쳐 말하기의 필요성이 대두되고 있기 때문에 이러한 부분을 충족시킬 수 있는 키즈 스피치 교육이 더욱 각광받고 있게 된 이유가 되었습니다.

우리는 소통이 중요한 시대에 살고 있습니다.

우리는 말하기를 통해 다른 사람과 바르게 소통하고 정보를 주고 받으며 생각을 나눌 수 있어야 합니다. 특히 최근 다양한 또래 문제가 사회적 이슈가 되고 있는 만큼 또래 관계에서 억울한 상황, 화나는 상황에서도 **'침묵하는 아이'**가 아니라 자신을 보호하고 지킬 수 있는 **'할 말은 하는 아이'**가 되기 위해 올바르게 자신의 생각과 감정을 표현하는 스피치 능력은 꼭 필요합니다.

그렇다면 이렇게 중요한 스피치 능력은 기질적으로 타고나는 것일까요?

다행히도 그렇지 않습니다.

물론 기질적으로 말하기 능력을 타고나는 아이들도 있지만 대부분의 아이들은 꾸준한 훈련을 통해 학습하여 능력을 향상시킬 수 있습니다.

다만 **'세 살 적 버릇 여든까지 간다.'**는 말처럼 말하는 것도 어릴 때부터 잘못된 습관이 생긴다면 고치기 어렵고 더 많은 노력과 시간이 필요하기 때문에, 우리 아이들이 세상에 나갔을 때 자신의 생각을 올바른 말로 표현하기 위해서는 어릴 때부터 올바른 말하기 습관을 길러야 한다는 점을 꼭 기억하셔야 합니다.

올바른 말하기 습관은 '무조건 크게! 무조건 또박또박!' 이 아닌 '어떻게 하면 크고 재미있게' 말할 수 있는지 그 방법을 알려 주는 스피치 교육을 통해 말하기의 재미를 느끼고, 발표 자신감을 키우며 기를 수 있습니다.

앞으로 우리 아이들이 살아갈 4차 산업 혁명 시대에는 창의적 역량을 갖춘 인재가 주목받는다고 합니다. 키즈 스피치 교육을 통해 창의적인 생각을 말로 자신감 있게 표현하고, 타인과 적극적으로 소통해 내는 커뮤니케이션 능력을 키워 준다면 변화의 중심에 서 있는 지금, 우리 아이들에게는 더할 나위 없는 큰 힘이 될 것입니다.

변화하는 시대에 맞춰 우리 아이가 당당한 말하기로 성장할 수 있도록 응원합니다.

2) 스피치는 웅변과 다릅니다

"스피치 학원이 옛 웅변 학원과 비슷한 거죠?", "웅변과 스피치가 뭐가 달라요?"

실제로 이러한 궁금증을 가지고 계신 분들이 정말 많습니다.

그러나 스피치와 웅변을 하나의 개념으로 묶어서 보기에는 어려움이 있습니다.

먼저 웅변과 스피치의 사전적 의미를 살펴보자면, 웅변: 조리가 있고 막힘이 없이 당당하게 말하거나 연설하는 것. 한자의 의미로는 씩씩하게 말하는 것/스피치: 사람들 앞에서 자기의 주장이나 의견을 말하는 것입니다. 이처럼 "말과 발표"라는 것에 대한 넓은 의미로 스피치와 웅변의 맥락은 언뜻 비슷해 보이지만 스피치는 웅변이라는 영역에서 더 나아가 내 스스로가 주체가 되어 타인에게 생각을 조리 있게 표현하는 쌍방향 커뮤니케이션, 즉 서로 생각이나 느낌을 주고받는 소통의 기술이 포함되어 있다는 점에 있어, 청중만을 대상으로 바라보며 큰 소리로 연설하고 낭독하는 것에 초점이 맞춰진 일방향성 웅변과는 같지 않음을 알 수 있습니다.

보통 우리가 웅변대회를 떠올리면 연단에 올라가 연습했던 원고를 큰 목소리로 낭독하며 양팔을 활기차게 들어올리고는 "소리 높여 외칩니다."라는 일관된 문장으로 연설을 마치는 모습을 상상할 수 있습니다.

이처럼 웅변은 나의 주장을 씩씩하고 강력하게, 연설을 보고 듣고 있는 청중을 대상으로 전달하는 **일방향성 무대 스피치**에만 초점이 맞춰진 양상이라는 점을 파악할 수 있습니다.

우렁찬 발성과 정확한 발음, 과장된 리듬과 큰 동작과 같이 무대 스피치에만 초점이 맞춰진 비언어적 요소들이 하나의 연설 안에서 규칙적으로 반복되어 진행되며 정해진 주제에 대한 생각을 발표의 형태로 시작하고 마무리합니다.

그렇다면 스피치는 무대 스피치 즉 연설이나 발표에 대해서는 다루지 않는 걸까요?

"그렇지 않습니다."

스피치도 무대 스피치를 다룹니다. 다만, 무대 스피치 또한 청중을 대상으로 내 생각을 분명하고 똑똑하게 전달하는 하나의 **소통의 수단**으로 파악하고, 무대 위에서 펼쳐진 나의 말하기를 통해 청중들을 공감하게 하고 교감하게 하는 **쌍방향 소통**을 목적으로 두고 이해합니다. 그러므로 "발표"라는 상황 안에서 그에 따른 대상이 누군지 늘 파악하고 일관된 스피치 형태가 아닌 그것에 **알맞은** 올바른 **소통 방식**을 배우게 되는 것입니다. 그래서 무대 스피치를 할 때 늘 틀에 박힌 웅변 스타일과는 달리, 무대 스피치의 대상과 상황, 장소와 주제에 따라 시선과, 제스처, 리듬과 억양이 매번 달라지게 됩니다.

따라서 스피치는 모든 영역을 포함하는 말하기의 기술이라고 볼 수 있습니다.

말하는 대상 또한 웅변처럼 "무대 스피치의 청중"으로만 국한 되어 있는 것이 아닌 평소 대화를 나누는 "일상 커뮤니케이션의 대상" 또한 포함하게 됩니다.

그러므로 스피치 교육은 토의, 토론, 일상 커뮤니케이션, 발표나 연설 (무대 스피치) 등 의사소통의 모든 영역을 포함한 소통 언어, 전달 언어를 배우는 교육입니다. 웅변에 비해 일상적이고 자연스러운 발성과 동작으로 다방면의 언어를 표현하고 전달하는 방법을 익힐 수 있습니다.

따라서 필자는 웅변과 스피치는 같다고 볼 수는 없으며 웅변은 스피치라는 큰 범위 안에 포함된 작은 영역이라고 볼 수 있다고 생각합니다.

스피치는 웅변에 비해 훨씬 넓은 뜻과 다양한 대상, 확장된 범위를 가지고 있다는 점에서 웅변과 스피치는 차이점을 갖고 있으며 스피치의 범위 안에 웅변이라는 영역을 포괄시킬 수 있음을 이야기하고 싶습니다.

3) 스피치 고민이 생겼다면 지금이 적기!

　예전에 비해 아이들의 성장속도가 빨라지고 있고, 다양한 교육도구들과 미디어의 영향으로 요즘 아이들은 '말을 잘한다.'라는 느낌을 주기도 합니다.

　하지만 이 느낌이 '말을 잘한다.'라는 의미보다는 '말을 빨리 배운다.'라는 의미로 해석할 수 있을 것 같습니다. 자신이 알고 있는 글자와 읽을 수 있는 단어가 많아졌다고 해서 말을 잘하는 것은 아니기 때문입니다.

　아이들은 3세부터 급격한 어휘 발달 시기를 맞이합니다.

　3~4개의 단어로 된 문장을 구사하고 긍정어와 부정어를 구분하고 이해할 수 있는데요. 이때 아이들은 이야기를 듣고 그림책을 읽으며 공감과 반응을 통해 언어 발달에 도움을 받을 수 있습니다.

　5세부터는 질문이 많아지면서 대화를 많이 하는 시기가 됩니다.

　아이들이 질문을 하면 부모님들께서는 바로 반응해 주고 질문에 대답을 잘해 줘야지! 하면서도 너무 많은 질문에 지치기도 하는 시기가 이 시기랍니다. 그 이유는 '모든 질문에 정답을 알려 줘야 한다.'는 부담감 때문인데요. 이런 생각을 버리고 가능한 시간에 최대한 집중해서 아이의 질문을 듣고 답을 함께 찾아가는 연습을 한다고 생각하면 됩니다. 함께 책을 찾아보거나 왜 그런 것 같은지 생각을 해 보는 것이 도움이 되기 때문입니다.

검색창을 통해 바로 원하는 답을 찾을 수 있지만 이내 잊어버리고 마는 일회성 지식 습득이 아닌, 생각해 보고 알아보는 연습을 할 수 있도록 도와주는 것이 중요합니다.

이때 아이들은 과거의 자신의 기억을 말할 수 있게 되고 자신의 감정을 표현하기도 합니다. 기억과 감정을 자세하게 표현하면서 이 시기 아이들은 성인이 사용하는 문장 90% 정도의 학습이 가능하게 됩니다. 이런 아이들의 성장을 지켜보면서 부모님들은 이때부터 키즈 스피치 교육에 대해 관심을 갖고 고민하기 시작합니다.

키즈 스피치의 경우 읽고 말하기의 기본기가 필요합니다.

아이들과 스피치 교육이 성공적으로 진행되기 위해서는 수업자료를 무난하게 읽을 수 있고 내용에 맞게 기억을 떠올리고 생각을 정리해서 말할 수 있어야 하기 때문입니다.

그래서 초등학교 입학을 앞둔 7세부터 본격적으로 키즈 스피치 수업을 진행하는 것이 좋습니다. 한글 공부를 빨리 시작하여 한글 읽기가 완벽하다고 해도 수업 시간 집중할 수 있는 시간과 주제에 맞는 이야기를 공감하고 소통할 수 있는 정도를 모두 고려한 것인데요. 초등학교 입학과 함께 달라진 교육 환경과 새로운 또래 집단에서의 사회성 발달을 준비하는 시기이기 때문에 이때 예비 초등학생들이 가장 많이 키즈 스피치를 시작하게 됩니다.

그렇다고 스피치 교육을 시작하기에 있어 늦은 시기는 없습니다.
"스피치 교육은 고민이 생겼다면 언제든 시작할 수 있는 지금이 적기!"
이니까요.

스피치 교육은 자기 표현력과 소통, 공감을 배우며 생각을 키우는 교육입니다.

초등학교에 입학하면서 아이들은 새로운 친구들과의 대화를 통해 사회성을 배워 가기 시작하고 이때 다양한 경험을 통해 자신은 물론 타인의 감정을 이해하고 공감하는 법을 배우게 됩니다. 그러나 학년이 올라가면서 익히는 속도에서 차이가 나기 시작하는데요. 이 속도의 차이는 점점 학습 평가의 차이로 나타나게 됩니다.

간단한 정보를 이해하는 단계에서 고학년이 될수록 단시간에 많은 정보를 습득하고 이해하며 자신의 생각까지 표현해야 하기 때문입니다.

만약 이런 것들에 적응하는 시간이 많이 필요하고 꾸준한 연습과 전문가의 도움이 필요하다면 **스피치 교육은 언제든 시작해야 합니다.**

* 키즈 스피치의 가장 효과적인 방법은 긍정적인 스피치 경험을 쌓아 가는 것입니다.

잘한다, 못한다를 평가하는 것이 아닌 꾸준히 다양한 주제에 대해 생각해 보고 단상 앞에서 친구들에게 자신의 생각을 발표하는 경험과 그 경험 속에서 내가 잘하는 것과 잘하게 된 것을 깨달으며 자신감과 함께 아이들의 스피치 실력은 자연스럽게 성장할 수 있습니다.

4) 우리 아이도
스피치 교육이 필요할까요?

'스피치'는 '연설, 언어 능력, 말투(화법), 말'의 의미를 담고 있습니다.
바로 우리가 매일 사용하는 '말'은 스피치에 해당하는 것이죠.

친구에게 놀자고 이야기할 때에도, 거절이 필요한 상황에서도, 설득과 부탁을 할 때에도, 바로 '말'을 도구로 활용해서 우리는 다른 사람과 의사 소통을 하게 됩니다.

요즘 사회에서 아주 중요한 요소로 강조되는 '소통'이라는 것은 '양방향 커뮤니케이션'을 말합니다. 다른 사람의 의견을 경청하며 공감하고, 나의 감정을 표현하고, 때론 분명하게 나의 주장을 펼치는 것, 이러한 '소통'을 하기 위해서 필요한 가장 기본적인 도구는 바로 '말'입니다. 키즈 스피치 교육은 단지 목소리를 키우고, 또박또박 예쁘게만 말하는 스피치를 배우는 것이 아니라 다양한 콘텐츠를 활용하여 효과적으로 자신의 생각을 표현하고 긍정적인 자아와 올바른 인성을 갖도록 도와줍니다.

그렇다면 스피치 교육은 어떤 아이들에게 필요할까요?

저의 답은 "말을 통해 소통하며 살아가는 모든 아이들"이라고 말씀드리고 싶습니다.

지난 10년간 스피치 교육 현장에서 만난 아이들을 떠올려 보겠습니다.

- 여러 사람들 앞에 서는 것을 두려워하는 아이
- 사람들 앞에만 서면 목소리가 떨리고 작아지는 아이
- 알고 있는 것은 많지만 말로 설명하지 못하는 아이
- 다른 사람 말은 듣지 않고 자기가 하고 싶은 말만 하는 아이
- 발음이 부정확하여 전달력이 부족한 아이
- 새로운 친구를 사귀는 게 어려운 아이
- 친구에게 자신의 의사표현을 못 하는 아이

이외에도 정말 많은 이유로 스피치 교육을 필요로 하는 아이들을 만날 수 있었고, "스피치 교육을 통해 아이의 인생이 달라졌어요."라는 말을 들을 만큼 **마법 같은 변화**를 경험하였습니다.

예를 들어 목소리가 작고 발음이 부정확하여 고민인 아이가 있습니다. 이 아이는 친구들이 말을 종종 알아듣지 못하고 무시하는 일이 많아 또래 관계에서도 소극적이고 당연히 발표 자신감이 부족할 수밖에 없었습니다.

이 아이가 스피치 교육을 접한다면 어떻게 달라졌을까요?

수업에서 보이스 코칭을 통해 목소리가 커지고 발음이 좋아짐을 느끼면서 아이는 말하는 것에 자신감이 생겼습니다.

말하는 것에 자신감이 생기면서 점점 나의 생각이나 의견을 다른 사람

에게 표현하는 것이 즐겁게 여겨지고 친구들과의 관계를 맺을 때도 어려움을 느끼지 못하게 되었죠.

이러한 긍정적인 말하기 경험이 반복적으로 쌓이면서 소극적이었던 아이도 활발하고 자신감 넘치는 아이로 변화할 수 있었습니다. 스피치 수업을 통해 말하기 자신감이 생기며 아이의 성향까지도 변화할 수 있었습니다.

즉, 스피치 교육 통해 말을 효과적으로 잘하게 되면 **자신감**을 키울 수 있고 그로 인해서 자신에 대한 긍정적 확신을 갖게 되어 **자존감**이 높아질 수 있게 됩니다.

스피치 교육은 단지 발표에만 국한되는 것이 아니라 교과 연계 논술 교육을 통한 논리력 향상, 상황별 바른 또래 대화법을 익혀 의사소통 능력을 기르고, 심리 교육 통해 자존감 향상까지 전반적인 아이의 자신감, 자존감, 사회성, 리더십까지 우리 아이 성장에 도움을 줄 수 있도록 이뤄지는 교육입니다.

우리 아이가 바르게 자신의 생각을 표현하고 스피치를 통해 자존감을 높여 주고 싶다면 지금 당장 스피치 교육을 시작하세요!

5) '얼마나 배워야'보다 '얼마나 꾸준히!'

원장들이 모여 가장 많이 하는 수다 주제는 단연, **아이들 이야기**입니다. 다양한 아이들에 대한 이야기를 나누다 보면 지점마다 칭찬이 마르지 않는 아이들이 꼭 있습니다. 연단 발표의 완성도는 물론이고 생각을 자신 있게 말로 표현하는 것까지 똑소리 나는 훌륭한 아이들에 대한 이야기이죠.

<u>**"똑소리 나는 아이들! 과연, 타고난 것일까요?"**</u>

우리는 이 아이들에게서 큰 공통점 하나를 발견할 수 있었습니다. 바로 **꾸. 준. 함.**

누군가는 겨우? 당연한 거 아닌가?라고 생각할 수도 있습니다.

그러나 이 너무나도 당연한 것이 어려운 아이들이 생각보다 많습니다. 스케줄의 변동이 **자주** 생기고 사소한 일로 결석이 잦고 그러다 보니 보강 일정을 맞추는 것도 쉽지 않은 아이들이 있습니다.

출석이 들쑥날쑥이니 3개월을 해도 6개월을 해도 변화가 느껴지지 않습니다.

반면에 앞서 말한 아이들의 경우 정해진 시간에 빠짐없이 출석하고 변동 없이 1~2년은 기본적으로 꾸준히 한 친구들이 많았습니다. 꾸준하게 다닌 결과 이제는 따로 코칭을 받지 않아도 스스로 준비해서 학급 회장으로 당선되기도 하고 발표 대회에서 상을 받고 학교에서는 '발표가 기대되는 아이'라고 통지표에 적혀 오기도 합니다.

꾸준하게 한 과목을 진정한 자신의 것이 되기까지 배우는 것,

다른 과목도 마찬가지겠지만 특히 스피치에서 꾸준함이 중요한 이유는 말하기는 습관이고 단 하나의 억지가 있어서는 성장할 수 없기 때문입니다.

아이가 할 말을 외우게 하거나 따라다니며 상황에 필요한 말을 들려주지 않을 것이라면 스스로 자신의 생각을 자신 있게 말할 줄 아는 힘과 습관을 길러 줘야 합니다. 습관을 바꾸는 것은 하루아침에 되는 것이 아니기에,

"얼마나 꾸준히, 빠짐없이 배움에 임했느냐." 이것이 자신감 있는 말하기의 핵심이라고 할 수 있습니다.

6) 건강한 자기표현,
선택이 아닌 필수!

아직까지도 '스피치학원' 하면 무엇을 배우는지 잘 모르는 분들이 많습니다. 많이 알려지긴 했지만 개원 초기부터 지금까지 가장 많이 들었던 질문 중 하나가

"거기 가면 뭘 배워요?"이니까요.

두드림은 빠르게 변해 가는 시대와 교육에 맞춰 아이가 살아가며 겪게 될 다양한 상황에서 **자신의 생각과 감정을 상대에게 건강한 방법으로** 소통할 수 있도록 돕고 있습니다.

훈련은 크게 4가지로 나눠 균형 맞춰 진행됩니다.

○ 전달력

상대에게 나의 말이 잘 전달될 수 있도록 정확한 발음 훈련 및 다양한 크기의 발성 훈련, 안정적인 소리를 만드는 복식 호흡을 통해 분명하게 전달하는 능력을 익힙니다.

○ 논리력

주장에 근거가 빠지면 떼를 쓰는 것과 다르지 않겠죠?

소중한 우리 아이가 논리적으로 말하고 자신이 원하는 것을 상대에게 설득하는 조리 있게 말하는 힘을 기를 수 있도록 이유를 들어 설명하는 **논리적 말하기**를 배웁니다.

(논리적인 생각을 글로 표현하는 논술 수업도 포함하고 있습니다.)

○ 사회성

경청과 공감- 일방적으로 내 생각만 말할 줄 알고 상대의 이야기를 들을 줄 모르면 올바른 소통이 아니겠죠? 아이가 대화 상대의 말을 경청하고 그에 대해 공감하는 말하기를 할 수 있도록 **바르게** 소통하는 방법, 즉 **사회성**에 대해 배웁니다.

감정 말하기- 아이들이 느끼는 감정은 많은데 그걸 언어적으로 표현할 줄 몰라 비언어적 문제 행동으로 표현하게 되는 경우가 꽤나 많습니다.

예를 들어 화가 나면 주먹이 앞서고, 억울하거나 속상한 일이 있으면 말보다는 하염없이 눈물만 흘리는 등 말이죠.

그래서 아이들이 느끼는 감정을 **다양한 감정 어휘와** 함께 올바르게 표현하고 **문제를 해결해 내는 능력**을 기를 수 있도록 돕고 있습니다.

○ <u>발표력</u>

주어진 주제에 대한 내 생각이 담긴 원고를 토대로 친구들 앞에서 자신 있게 **연설**할 수 있도록 무대에서의 실전 **발표력** 훈련도 이루어집니다.

이처럼, 아이가 평생 하게 될 '말'을 자신 있고 건강하게 표현하도록 돕는 교육, 단언컨대, <u>스피치 교육은 선택이 아닌 필수!</u> 입니다.

기 누구나 할 수 있지만 아무나 할 수 없는 교육

앞에서 소개했듯이 '스피치'는 말하기와 관련된 모든 분야를 포함하고 있습니다.

'세 살 버릇 여든까지 간다.'는 말이 있듯이 '말하기 교육'은 말문이 트인 영아 시기부터 올바르게 진행되어야 합니다.

그렇다면 인생을 좌지우지하게 될 우리 아이들의 말하기 실력을 위한 '스피치 교육'은 누가, 어떻게 진행하면 좋을까요?

우리는 모두 다른 사람들입니다. 각각의 지문이 다르듯이 얼굴형, 눈 크기, 키, 피부색 등 보여지는 생김새 외에 좋아하는 것, 싫어하는 것, 관심 분야, 불안의 이유 등 정서적인 부분도 모두 다릅니다. 그러기 때문에 모두에게 똑같은 말하기 교육 방법을 적용하는 것은 올바르지 않습니다.

스피치 교육자는 상대가 어떤 사람인지 빠르게 알아차려야 합니다. 아이들 각각의 성격, 성향, 기질을 통합적으로 파악하는 능력이 필요합니다. 아이들이기 때문에 더 꼼꼼하게 아이의 마음을 들여다봐야 하죠. 아이의 현재 심리 상태를 빠르고 정확하게 파악하고, 그 아이의 관심사를 찾아 수업에 잘 적응할 수 있도록 이끌어 주어야 합니다. 이 과정에서 스피치 교육자는 정말 섬세한 단계를 거쳐야 합니다.

아이 특성에 맞게 다양한 방법을 시도할 줄 아는 경험과 센스가 필요합니다. 준비되지 않은 아이에게 아이가 소화하기 어려운 단계를 요구하거나, 지도하는 것은 오히려 독이 될 수 있습니다.

교육자는 아이들에게 긍정의 힘을 심어 주기 위해서 긍정적인 태도와 언어를 활용해야 합니다. 아이들은 스펀지같이 모든 것을 빠르게 흡수하는 시기이기 때문에 어른들의 말 한마디와 태도에 쉽게 영향을 받습니다. 아이가 마음을 활짝 열고, 모든 과정을 긍정적으로 받아들일 수 있도록, 그리고 도전하는 힘을 기를 수 있도록 긍정의 태도와 언어로 용기를 불어넣어 줘야 합니다. 이 과정에서는 교육자는 엄청난 인내가 필요합니다. 아이를 진심으로 사랑하고, 기다려 주고 응원해 줘야 합니다.

또한 교육자의 풍부한 표현은 아이들을 춤추게 할 수 있습니다. 선생님이 다소 무뚝뚝하고 엄격하게 수업을 진행하면 아이들이 따라는 하겠지만 그 과정에서 배운 내용을 온전한 내 것으로 만들기는 쉽지 않습니다. 그래서 마치 만화 영화에 나오는 캐릭터처럼 생생하게 표현하며 아이들의 흥미를 끌어내고, 선생님을 잘 관찰하며 즐겁게 따라할 수 있도록 수업을 진행하는 것이 중요합니다. 목소리뿐만 아니라 풍부한 표정, 말투, 제스처의 사용도 필요합니다!

하지만 아이들은 '거짓 리액션'을 정확하게 알아차립니다! 대충 '잘했어~.', '대단해~.', '그랬구나~.' 답을 하면 "선생님은 왜 반응이 똑같아요?", "선생님 지금 제 이야기 안 듣고 있죠?"라며 정곡을 찌릅니다! 그렇기 때

키즈스피치 원장들의 수다

문에 진심을 담아 반응해 주는 것이 중요하답니다.

책 속에 등장하는 여러 원장님들은 성우, 쇼호스트, 연극, 리포터, 방송인 등등 정말 다양한 분야에서 활동한 경력이 있는 선생님들입니다. 각자의 전공을 살려 아이들에게 특별하고 흥미로운 경험을 선사하기 위해 노력하고 있습니다.

또 미래의 인재를 육성한다는 책임감을 갖고, 아이들에게 필요한 교육이 무엇인지 끊임없이 연구 중인데요, 우리 원장들의 진심이 아이들과 학부모님께 꼭 닿길 바랍니다.

코로나 시대,
아이들이 보내는
위험 신호

1) 마스크를 쓰기 시작하고
아이들의 말하기가 멈췄다

코로나19는 지난 몇 년간 우리의 일상을 새로운 모습으로 바꾸어 놓았습니다. 인류 역사를 BC(Before Corona)와 AC(After Corona)로 나뉜다는 말까지 나올 정도인데요, 이렇게 쉽게 끝나지 않는 바이러스와의 전쟁에서 우리 아이들의 일상도 정말 많이 달라졌습니다.

(1) 소통 없는 교실

"쉬는 시간에 못 놀아요."
"친구들 가까이 가면 안 돼요."
"짝꿍 없는데? 다 떨어져 앉는데요?"

새 학기가 시작된 후 학교 생활에 대해 묻자 쏟아지는 아이들의 말들, 코로나19로 전과는 달라진 아이들의 학교 생활이 답답하게 느껴져 씁쓸해집니다.

아이들은 성장하면서 가져야 할 많은 부분을 친구와의 관계 속에서 배웁니다. 그러나 코로나19를 겪으며 아이들이 친구들과 어울리면서 성장하는 것이 어려워졌습니다. 특히 아이들은 **또래 친구들과의 어울림을 통해 언어 능력이 폭발적으로 성장하는데요**, 하지만 코로나로 인해 소통에는 제약이 생기고 마스크로 가려진 표정은 상대의 정서를 이해하기에는 턱없이 부족합니다.

이렇게 소통 없는 교실에서 아이들의 사회성은 성장할 틈이 없습니다.

(2) 마스크로 가려진 입 모양

마스크로 가려진 보육 교사의 입을 볼 수 없게 된 아이들의 언어 발달이 지연되었다는 뉴스를 한 번쯤은 접해 보신 적 있으실 겁니다. 아이들은 사람의 입 모양과 표정을 보고 정보를 받아들이기에 장기화된 마스크 착용은 많은 아이들의 언어 발달에 큰 장애물이 되었습니다.

더군다나 입을 움직일 때마다 움찔거리는 마스크 때문에 불편함을 느낀 아이들은 자신도 모르게 입을 최소한으로 움직이며 말하는 습관이 형성되었고 점차 목소리 전달력이 떨어지는 어려움을 겪기도 합니다.

다행히 지난 5월 1일부터 전국 모든 유치원, 학교가 정상 등교를 시행하고 아이들의 교육도 일상으로의 복귀를 시작했습니다. 장기간 지속된 비대면, 온라인 학습으로 쌍방향이 아닌 일방적 소통에 익숙해진 아이들이 달라진 일상에 잘 적응하기 위해서는 부족해진 언어 능력을 향상시킬 수 있는 제대로 된 말 공부가 필요합니다.

2) 혼자가 편해진 아이들, 친구를 만날 수 없어요

코로나19의 장기화로 인한 가장 큰 피해자는 우리 아이들이 아닐까 생각됩니다. 코로나19 감염 위험 때문에 행동 반경이 많이 줄어들었기 때문인데요. 학교, 학원, 놀이터 등에서 친구들과 어울리며 놀고, 갈등 상황도 겪어 보면서 자연스럽게 사회성을 배워 나가야 할 시기에 마음껏 친구를 만나는 일이 어려워졌습니다.

- 쉬는 시간 마음껏 친구들과 어울리는 일
- 짝꿍과 함께 앉아 소통하며 수업하는 일
- 다 함께 모여 점심을 먹고 이야기 나누는 일
- 놀이터에서 친구들과 어울려 뛰어노는 일

너무나 당연한 아이들의 일상이 특별한 일이 되어 버린 몇 년 동안 요즘 아이들은 점차 '함께'보다 '혼자'에 익숙해지고 있습니다. 다행히 위드 코로나 시대에 접어들었지만 아직 아이들이 마음껏 친구들과 어울리는 환경을 만들어 주기까지는 시간이 더 필요해 보이는데요. 너무나 당연했던 것들을 마음대로 하지 못하며 혼자에 익숙해지는 아이들의 사회성이 염려됩니다.

특히 요즘 아이들은 대부분 온라인 세상에서 친구를 만나고 있다는 점이 걱정입니다. 게임, 메타버스, 온라인 세계 등 아이들은 스마트폰, 컴퓨터, 모니터와 같은 '도구'를 통해 '가상의 공간'에서 또래 친구와 소통하고 있습니다. 친구와의 대화 주제 역시 대부분 온라인 세상과 관련이 있습니다.

현실 세계가 아닌 온라인 세계의 소통에 익숙해지면 상대방과 대화할 때 필요한 요소들, 예를 들어, 표정, 말투, 제스처 등등의 변화를 알아차리기 점점 어려워집니다. 실제로 친구들을 만나도 마스크를 착용하고 있기 때문에 상대방의 표정이 어떤 의미인지 알아보는 데 시간이 걸리기도 합니다. 또 직접적으로 표현하지 않는 말속의 의미, 생각, 감정을 빠르게 파악하기 어려워집니다. 이런 부분이 심각해지면 언어 발달 지연으로도 이어질 수 있습니다. 또 마스크를 쓰고 있기 때문에 친구의 얼굴을 기억하기가 힘들어지고 친구의 이름과 얼굴을 연결하기 어렵다 보니 친구에 대한 관심도도 이전만큼 높지 않습니다.

이런 환경에 오래 노출되며 요즘 아이들은 친구와 함께하는 것보다, 혼자 있는 시간이 익숙합니다. 혼자 할 수 있는 게임, 유튜브 보기 등의 활동에 더 흥미를 느낍니다. 이미 혼자에 어느 정도 익숙해진 아이들은 새로운 친구를 사귀는 것보다 새로운 게임을 해 보는 것에 더 큰 성취감을 느끼기도 합니다.

하지만 우리 인간은 사회적인 동물이기 때문에 다른 사람들과 잘 어울리며 살아가는 방법을 배우는 것은 그 무엇보다도 중요합니다. 다른 사람들과 감정을 교류하고, 상대를 배려하는 법을 배우고, 관계 속에서 발생할 수 있는 여러 상황을 이해하는 힘을 길러야 합니다.

아이의 사회화 교육에는 적절한 시기가 있습니다. 우리 아이가 이 사회에 잘 적응하며 성장하기 위해서는 꾸준히 또래 친구와 소통할 수 있는 대화의 장이 필요합니다. 그리고 그 대화의 장을 만들어 주는 것은 우리 어른들의 몫이라고 생각합니다.

키즈스피치 원장들의 수다

3) 마스크 착용 후 언어 발달이 지연된 아이들

코로나로 인해 생겨난 마스크 문화!

하지만 그로 인해 우리 아이들의 언어 발달은 지연되고 있습니다.

대부분의 아이들은 다른 사람과의 관계를 맺는 과정을 통해 언어를 습득합니다. 그리고 사람들과의 상호 작용을 통해서 모든 언어 체계를 익혀 나갑니다. 즉 집단 생활 속의 대인 관계를 통해 의사소통 능력과 언어 능력을 키워 나가게 되는데 이러한 과정 안에서 아이들은 얘기하고 있는 상대가 말하는 입 모양을 관찰하며 자연스럽게 언어를 모방하고 올바른 발음과 다양한 어휘를 습득해 나갑니다.

하지만 코로나로 인한 비대면 시대가 오면서 가장 빠르게 언어력을 키워 나갈 수 있는 교육 기관인 유치원과 학교를 가는 날이 줄어들게 되고 모두가 마스크를 착용하고 말을 하는 상황에 노출되다 보니 관찰하고 소통하는 경험이 현저히 줄어들게 되면서 언어 발달에 제약을 심각하게 받는 시기에 노출이 된 것입니다.

마스크 사용으로 인해 어른들 또한 무슨 말을 하는지 의사소통의 어려움을 느끼는 환경 속에 놓여 있는데 그런 어른들의 입 모양과 발음, 표정을 보고 자연스럽게 언어를 습득해 나가야 하는 우리 아이들은 보이지 않는 입 모양으로 인해 전반적인 언어 발달이 지연되는 현상을 초래하게 된 것입니다.

아이들의 모든 발음이 완성되는 시기는 보통 6~7세라고 합니다. 언어 폭발기이기도 한 아주 중요한 시기라고 할 수 있습니다. 그러나 코로나 시대로 인해 7세 이후의 대다수 아이들이 올바른 발음과 어휘 구사가 형성되지 않아 교육원을 찾아오는 발걸음이 끊이지 않고 있고, 언어 발달로 고통을 겪고 있는 아이들이 너무나도 많은 현실입니다.

어렸을 때 올바른 발음이 고착화되지 않고, 다양한 언어를 배울 수 있는 시기를 놓치게 된다면 그 이후엔 엄청난 노력과 시간이 걸리게 됩니다. 언어가 발달하는 시기가 정해져 있는 만큼 외부에서 언어를 배울 수 없는 상황에 놓였다면 가정에서 아이들의 언어 발달을 촉진하기 위한 언어 교육이 반드시 필요할 것 같습니다.

4) 매일 아침 등교 전쟁이 반복된다면?!

"학교 가기 싫어!"

누구나 새로운 시작을 앞두고 설렘과 걱정을 느끼게 됩니다.

익숙하지 않은 공간, 처음 보는 사람들, 그 속에서 지켜야 하는 규칙들….

새로운 변화에 대한 긴장과 두려움은 누구나 느낄 수 있는 자연스러운 감정인데요. 새 학년, 새 학기를 맞이하는 우리 아이들도 마찬가지입니다. 유치원 혹은 초등학교 입학 시기 또는 긴 방학을 마치고 새학기를 시작하면 "학교 가기 싫어!"라고 말하는 아이들을 자주 볼 수 있습니다.

특히 코로나19로 인해 학교에 가지 않고 가정에서 온라인 수업으로 대부분의 시간을 보낸 아이들이 느끼는 긴장과 두려움은 더욱 커졌습니다.

심한 경우 두통이나 복통, 감기 등 신체적인 증상을 이유로 학교에 못 가겠다고 말하기도 합니다. 이런 아이들은 병원을 데려가거나 집에서 쉬기로 하면 어느 순간 신체적 증상들이 사라져 버리는 경우가 많은데요.

같은 상황이 여러 번 반복되면서 학교에 가기 싫어 꾀병을 부리는 것처럼 느끼기도 합니다.

사실 학교에 가지 않기 위해 꾀병을 부리는 경우도 있겠지만 실제로 두통이나 복통을 느끼고 약간의 열이 나는 경우도 있습니다.

특히 초등학교 저학년은 입학식 후 코로나19로 집에 머무는 시간이 많아지면서 학교라는 새로운 환경에 적응할 시간이 부족해 낯선 생활의 피로와 스트레스가 신체적 증상의 이유가 되기도 하는데요.

학교에 가지 않고 집에 있어야만 불안과 두려움이 사라지며 신체적 증상이 줄어들게 되는 것입니다.

이렇게 아이들이 행동하는 원인 중 하나는 분리불안인 경우가 많습니다. 엄마와 떨어지는 것에 대한 두려움과 불안함 때문인데요. 엄마와 떨어지는 것에 연습이 필요한 아이들에게는 어쩌면 당연한 반응인지도 모르겠습니다.

특히 코로나19로 유치원이나 학교에서 시간을 보낼 기회가 줄어들고 집에서 머무는 시간이 많았던 아이들은 더욱 엄마와의 이별이 어려울 수 있습니다. 이런 분리 불안은 정도와 시간의 차이가 있을 뿐 누구나 느낄 수 있습니다.

하지만 만 3세에서 4세 사이 부모와 일시적으로 떨어질 수 있는 연습이 안 된 경우 다시 말해 영유아 때 올바른 애착 형성이 이루어지지 않은 경우 아이들의 분리 불안이 심하게 나타날 수 있습니다. 이런 아이들은 거짓말이나 꾸중으로 분리를 강요하거나 결석이나 지각으로 학교 생활에 적응할 수 있는 기회를 줄여서는 안됩니다. 분리 불안을 해결하고 학교에 가는 것을 적응하기 위해서는 일정 기간 학교 정문이나 교실 앞까지 데려다 주고 점점 배웅하는 장소를 학교에서 멀리 떨어진 곳으로 옮겨 혼자 학교에 등교할 수 있도록 서서히 변화를 시도하고 도와주어야 합니다.

장기화된 코로나19로 수업은 물론 입학식과 졸업식까지 비대면으로 진행하면서 학령기 아이들의 학교 생활은 큰 변화를 겪었습니다. 마스크를 착용하고 거리 두기를 하며 친구들과 선생님의 얼굴을 익히고 대부분의 수업은 작은 화면 속 모습을 보며 진행되었습니다. 이런 변화를 겪은 아이들은 학교 생활에 적응하는 것이 더욱 어려울 수 있습니다. 잠옷이나 편안 실내복을 입고 식탁이나 소파에서 수업을 듣던 아이들에게 학교에서 수업시간 40여 분 동안 책상과 의자에 앉아 있어야 하는 것은 심한 스트레스가 될 수 있습니다. 책을 읽거나 그림을 그리는 등 아이가 좋아하는 것을 하는 동안 책상과 의자에서 자세를 유지하고 앉아 있는 연습을 집에서도 꾸준히 해 주어야 하는 이유입니다.

그리고 수업이 진행되기 전 물을 마시거나 화장실에 미리 다녀오는 등 학교 생활에서 지켜야 하는 기본적인 규칙들에 몸이 익숙해질 수 있도록 연습하는 것도 중요합니다.

코로나19로 비대면 온라인 수업이 늘어나면서 더욱 책보다는 영상 미디어에 익숙해졌습니다.

휴대폰이나 컴퓨터 사용에 익숙해진 아이들은 점점 책과 멀어졌는데요. 그래서 시선을 사로잡는 영상이나 음향 효과 없는 교과서를 활용한 수업은 재미없게 느껴지고 집중하기가 어렵습니다.

특히 학년이 올라갈수록 주어진 시간 내에 책 속의 많은 내용들을 읽고 이해해야 하는데요. 수업 시간 교과서의 내용을 함께 읽고 선생님의 설명을 듣고 이해하는 것에 어려움을 느끼면서 아이들은 학교 수업에 흥미를 잃고 포기하는 경우도 생기게 됩니다.

글자를 쓰고 읽을 수 있다고 해도 책 속의 내용을 파악하고 이해하는 것은 연습이 필요한 부분이기 때문입니다.

아이가 학교에 가기 싫다고 이야기하는 이유가 학교 수업을 따라가는 것이 어려워서는 아닌지 확인해 봐야 하는 이유입니다.

이런 경우 책 한 권을 모두 읽고 독후 활동을 하는 것이 아니라 간단한 내용의 글을 읽고 내용을 이해한 후 요약해서 정리해 보거나 어떤 내용인지 설명해 보는 연습이 도움이 될 수 있습니다.

5) 너의 마음을 들려줘

요즘 아이들에게 자신의 생각과 감정을 묻는 질문을 던졌을 때, 흔히 "모르겠어요."라며 표현하는 것 자체를 어려워하는 경우가 많습니다.

자신의 생각과 감정을 정확하게 이해하고 표현하는 것. 다른 사람의 마음을 잘 이해해 주며 공감해 주는 것. 누구나 바라는 모습이지만 어려운 것이 사실입니다.

또래 관계에서 다양한 경험을 통해 소통하는 법을 알아가고 수많은 시행착오를 거치면서 우리 아이의 사회성이 발달하게 되는데요. 어린이집, 유치원부터 아이들의 사회성 발달은 시작되고 학교나 학원 등 다양한 관계 속에서 아이들은 소통하는 법을 스스로 배워 갈 수 있습니다.

하지만 입학식과 현장 체험 학습, 학예 발표회 등 대부분의 학사 일정이 코로나19로 인해 비대면으로 진행되거나 취소되면서 소통의 경험(기회)이 많이 줄어들게 되었습니다. 이외에도 아이들은 학교가는 길에 나누는 친구들과의 대화, 자연스럽게 주제에 맞는 이야기를 나누는 수업 시간, 짧은 쉬는 시간 동안의 자연스러운 놀이 등을 할 수 없게 되었는데요. 소통과 공감을 연습하고 경험하는 데 큰 비중을 차지하는 이런 소소한 일상들이 사라지면서 아이들은 자신을 표현하는 것에 더욱 어려움을 느끼게 되었습니다.

그리고 학원이나 개별적인 활동을 하는 경우에도 개인 방역을 위해 착용하고 있는 마스크는 마주하고 있는 사람의 감정을 알아차리는 것을 더욱 어렵게 만들었는데요. 말을 통해 전달되는 것과 동시에 표정으로 전달되는 미세한 감정 변화를 자연스럽게 배우고 연습할 수 있는 기회를 갖지 못하게 된 것입니다.

사실 코로나 이전에도 자신의 감정을 정확하게 표현하지 못하고 친구의 마음을 알아차리지 못해 어려움을 느끼는 친구들은 많이 있었습니다. 어떻게 친해져야 할지 어떤 말로 나의 마음을 이야기해야 할지 서툰 아이들은 친구들과의 관계에서 오해와 공격적인 반응을 경험하며 상처를 받게 되는데요. 이런 상처들은 나의 감정이나 생각을 공격적으로 표현하거나 반대로 표현 자체를 회피하며 나를 감추게 되는 이유가 됩니다.

여러 가지 감정을 알아차리고 표현하는 것은 어른들에게도 연습이 필요할 만큼 중요하면서도 어려운 일인데요. 특히 마스크 착용이 일상이 되면서 내가 표현한 감정들이 상대에게 전달되지 않거나 오해를 받는 경우가 생기게 됩니다. 또는 상대의 표현을 제대로 이해하지 못해 어떻게 해야 할지 어려움을 느끼는데요. 이런 경험들이 쌓이면서 아이들은 더욱 감정과 생각을 표현하는 것을 두려워하게 됩니다.

나의 감정은 물론 타인의 감정을 이해하고 소통하는 것을 배워야 하는

중요한 시기. 자연스러운 경험을 하기 어려워졌다면 따로 연습하고 이해하는 시간이 필요합니다.

간단한 경험을 떠올려 보고 내가 느꼈던 감정(행복, 기쁨, 슬픔, 외로움…)을 간단하게 표현해 보고 책을 읽으며 등장인물들의 감정 표현을 함께 연습해 보는 것입니다. 글이 어렵다면 그림으로 그림도 어렵다면 색을 활용해도 좋습니다. 나는 어떤 느낌이 들었고 그 느낌을 어떻게 표현해야 하는지 연습해 보는 것이 중요하니까요.

6) 나랑 더 친한 우리 아이,
이대로 괜찮을까요?

최근 수업 중 가장 친한 친구를 소개하는 발표 시간 '저는 스마트폰이 가장 친한 친구예요.'라고 말하던 초등학교 1학년 아이를 보며 가슴이 쿵했던 기억이 납니다. 더 충격적인 건 이런 대답을 하는 친구가 한두 명이 아니라는 것입니다.

아이들의 가장 친한 친구가 왜 스마트폰이 되었을까요?

코로나 사태로 집에 있는 시간이 많아지면서 아이들이 미디어에 노출되는 연령이 점점 낮아지고, 노출 시간도 증가하고 있습니다.

미디어(스마트폰, TV 등) 사용은 다양하고 흥미로운 콘텐츠를 제공하며 아이들의 언어, 인지, 학습에 도움이 된다는 기대감이 있고, 이를 잘 활용해서 아이를 교육하는 엄마도 많고 잘 따라가는 아이들도 많을 것입니다. 특히 코로나19로 유치원과 어린이집, 학교가 휴원을 하고 집에서 엄마와 있는 시간이 늘면서 미디어를 활용한 교육 시간이 늘어날 뿐만 아니라 학교 수업도 줌으로 진행되다 보니 미디어를 접하는 것이 익숙해질 수밖에 없는 실정은 인정합니다.

이렇게 미디어에 노출되는 것은 시대의 흐름상 어쩔 수 없다고 하지만 다년간 교육 현장에서 아이들을 지켜본 경험상 긍정적인 측면보다는 부정적인 측면이 훨씬 더 많다는 점을 꼭 말씀드리고 싶습니다. 특히 무심코 보여 주는 스마트폰 동영상이 아이들의 언어 발달에 미치는 영향은 더욱 큽니다.

의학 전문 매체 〈메디컬익스프레스〉에 따르면 미디어 앱과 게임은 유아의 두뇌 발달에 직접적인 충격을 줄 수 있다고 합니다. 밝은 빛을 내는 디지털 인터페이스가 관련 행위를 강화하고 반복하는 속성이 있어 빠르게 성장하는 뇌 발달에 위험 요인이 될 수 있다는 것입니다. 미디어는 빠른 시각적 자극과 일상적인 소리와는 다른 주파수의 현란하고 강한 사운드로 아이들의 주의를 끌기는 쉽지만 그러한 강한 자극을 다른 자극으로 대체할 수 없어 오히려 일상적으로 주어지는 다양한 소리와 언어적 자극에 대한 반응을 저해하는 아주 큰 원인이 됩니다.

빠른 미디어 노출은 아이들의 사회성 발달의 기회를 놓칠 수 있습니다. 지나친 미디어 사용으로 인해 아이에게 가장 중요한 부모님과 정서를 교류하고 의사소통하는 시간이 줄어들 수 있습니다. 또한 미디어를 보다 보면 그것에 집중해서 또래 친구들과 만나서 뛰어놀고, 이야기를 나누며 소통하는 시간이 줄어 점점 수동적으로 변화합니다.

미디어에서 만나는 AI와는 정서적 교류를 할 수 없습니다.

우리 아이가 살아가면서 교류해야 할 대상은 미디어가 아니라 가족이고 친구입니다. 친구와 가족과 함께 하는 시간을 통해 우리 아이들은 상호 작용 능력을 키울 수 있습니다. 실제로 국내 연구 결과에서도 아이들에게 동영상 시청을 끊게 했을 때 언어 발달 속도가 이전보다 빨라지는 모습을 볼 수 있었습니다. 특히 말이 늦는 아이들의 경우 미디어 시청을 제한하고 부모님과 상호 작용하며 전두엽을 발달시키는 것이 좋습니다.

특히 스마트폰에 노출이 많은 아이들은 일상에서도 충동적인 행동, 자극적인 언어, 공격적이고 폭력적인 행동을 많이 하는 모습을 보입니다. 또한 비현실적인 이야기를 자주하며 상대방과의 대화를 나누는 데에는 별 흥미를 못 느끼고 어디를 가든 스마트폰이 없으면 불안해지는 모습을 보입니다. 뿐만 아니라 강한 자극에 수동적으로 노출되면서 한 가지 놀이나 학습에 집중하지 못하는 주의력 결핍 증상이나 과잉 행동이 나타날 수 있습니다.

건강한 미디어 사용 방법은?

1. 아이의 발달 수준에 적합하게 사용하고 있는지 함께 활동하며 확인해 주세요.

우선 부모와 자녀 간 소통을 통해 아이가 미디어 속 무엇에 관심을 가지는지 체크하고, 적절한 콘텐츠를 이용하는지 확인하며 연령에 맞는 적합한 콘텐츠를 선정해 주어야 합니다. 그리고 아이가 재미있어 하는 콘텐츠를 소재로 부모와 이야기하는 등 생각 공유의 시간을 가지며 아이가 바른 미디어를 사용하도록 관심을 기울여 주세요.

2. 미디어 사용 시간을 정하고 '종료 시간' 알림을 정해서 사용해요.

아이들은 스스로 절제할 수 있는 능력이 부족하기 때문에 부모와 아이가 서로 사용 시간을 정하여 알람을 맞추고 미디어나 스마트폰을 이용하게 합니다. 스마트 학습도 마찬가지로 공부하는 것이므로 괜찮을 것이라고 생각하지 말고 적절한 시간을 정하여 조절해 주는 것이 필요합니다.

3. 아이가 흥미를 가지는 대체 활동을 찾아 주세요.

스마트폰을 이용하지 않을 때는 아이와 함께 할 수 있거나 집중할 수 있는 취미나 실내, 야외 활동을 할 수 있도록 지도합니다. 그림 그리기, 보드게임 또는 가까운 공원에서 신체 활동을 하거나 이색 체험 행사를 경험해 보는 것도 좋습니다.

IT 기기 사용이 선택이 아닌 필수인 시대, 무조건 통제하기보다 상황에 맞는 규칙을 통해 스마트폰 세계를 넘어 아이가 더 넓은 세상을 바라보고 경험할 수 있도록 지도해 주세요.

성인과 다른 우리 아이들이 미디어보다 사람과 소통하고 상호 작용하며 직접 미지의 것을 알아가고 배움을 경험하는 것이 가장 좋은 학습입니다. 시간이 흘러 더 늦기 전에 우리 아이에게 미디어가 아닌 진짜 대화를 나눌 수 있는 친구가 되어 주세요!

7) 생각하는 힘이 약해졌어요

요즘 수업을 하다 보면 아이들이 '생각하는 것'이 귀찮다, 싫다고 부정적인 표현을 할 때가 많습니다. 주제에 맞는 내 생각을 스스로 정리하고 표현하는 과정을 흥미롭고, 재미있게 받아들이기보다, 귀찮고 재미없는 숙제처럼 여깁니다. 생각하는 것이 어렵기 때문에 그것을 입 밖으로 말하는 것은 더더욱 힘들 수밖에 없습니다. 코로나 시대를 기점으로 이런 아이들을 더 많이 만날 수 있습니다. 마스크를 쓰고 생활하는 것에 익숙해졌고, 소리 내어 생각을 표현할 기회가 줄어들었기 때문입니다. 어쩌면 아이들은 마스크 뒤에 숨고 있는지도 모르겠습니다.

코로나 시대, 아이들이 왜 이런 모습을 보이게 되는 걸까요? 왜 스스로 생각하는 것을 어려워하고, 회피하려고 하는 것일까요?

오랜 시간 고민해 본 결과, 장기간 지속된 비대면 수업, 온라인 학습 때문에 아이들이 〈일방적인 소통〉에 익숙해졌기 때문입니다. 선생님과 학생이 얼굴을 맞대고 공부할 수 있는 '현장'에서의 교육이, '온라인' 세계로 많이 변화했습니다. 모니터, 태블릿 등 화면을 거쳐 수업을 하는 시간이 늘어났습니다. 또 안전의 문제 때문에 대면 수업보다 온라인 수업을 선호하게 되었습니다. 눈 앞에서 생생하게 선생님, 친구들과 소통하고 그때그때 생각나는 내용을 표현하고, 경청할 기회가 줄어들게 된 것입니다.

최근 전면 등교로 바뀌게 되었지만 이미 너무 오랜 시간 온라인 교육에 익숙해진 아이들의 습관을 하루아침에 바꾸기는 어려워 보입니다. '학교 매일 가니까 너무 귀찮아요.', '온라인 수업할 때는 말 안 해도 되는데 학교에서는 선생님이 발표를 시켜서 힘들어요.' 등 불평을 털어놓는 아이들도 종종 있습니다.

교육은 일방향이 아닌 쌍방향으로 진행되어야 합니다. 요새 아이들은 교육 환경의 변화로 인해 누군가 전해 주는 정보를 '수용'하는 것에 익숙해졌습니다. 정보를 수용하고 내 것으로 만들기 위해서는 정보에 대해서 생각하고, 다시 말해 보며 내 것으로 흡수하는 시간이 필요합니다. 모르는 내용에 대해 호기심을 갖고 질문하는 것도 매우 중요한 과정입니다. **또 교육의 '현장감'이 주는 강력한 힘이 있습니다.** 현장에서 아이들은 순간적인 집중력을 발휘할 수 있고, 주어지는 정보를 내 것으로 만들기 더 쉽습니다. 지도하는 교사 역시 수업의 분위기와 아이들의 반응을 통해 보다 좋은 방향으로 교육을 이끌어 갈 수 있습니다.

아이들이 스스로 생각하는 힘을 기르고, 표현하기 위해서는 마스크를 벗고, 아이들의 교육 현장을 개선하기 위해서 함께 노력해야 합니다. 아이들의 효과적인 교육 방법을 함께 고민해야 하는 시기입니다.

8) 코로나를 겪은 아이들에게 꼭 필요한 스피치 교육법

(1) 스피치 교육법 1. 마스크로 떨어진 목소리 전달력 기르기!

① 크고 힘 있는 목소리 만들기

마스크를 착용하고 말을 할 때는 더욱 크고 힘 있는 소리를 낼 수 있어야 전달력이 떨어지지 않고 말할 수 있습니다. 다양한 복식 호흡과 발성 연습을 통해 크고 자신감 있는 목소리가 밖으로 힘 있게 나오게 만드는 방법을 배워 보겠습니다.

○ 복식 호흡 연습

복식 호흡법.
한 손은 배꼽에, 한 손은 가슴에 올려놓고
코로 숨을 들이마실 때 아랫배가 나오도록 한 뒤
천천히 입으로 숨을 내쉬면서 아랫배가 쏙 들어가도록 합니다.

- 코로 숨 들이마시기 4초, 입으로 내쉬기 4초
- 코로 숨 들이마시기 4초, 입으로 내쉬기 10초
- 코로 숨 들이마시기 4초, 입으로 내쉬기 20초

카운트 호흡법.

복식 호흡을 활용한 놀이로 먼저 코로 숨을 들이마시고 입으로 내쉬는 것을 반복하다가 숨을 내쉬는 시점에 소리 내어 1, 2, 3⋯ 숫자를 세어 봅니다. 가슴 호흡을 통해서 숫자를 얼마나 셀 수 있는지 확인합니다. 같은 방법으로 숫자를 오래 세면서 호흡량을 늘려 봅니다. 그런 다음 아이와 복식 호흡으로 더 많은 숫자를 세는 게임을 해 보는 것도 좋습니다.

풍선 호흡법.

코로 숨을 들이마시고 입으로 내쉬면서 풍선에 바람을 불어 풍선의 크기로 호흡량을 확인합니다. 그리고 풍선을 잡고 있던 손을 놓아 풍선이 날아가는 정도를 통해 다시 한번 호흡의 세기를 확인해 봅니다. 이때 아이가 점점 멀리, 오래 풍선을 날리는 게임을 한다면 자연스럽게 호흡량을 늘릴 수도 있고 아이들도 흥미를 가질 수 있습니다.

○ 발성 훈련

발성 훈련법.

우리가 하품을 할 때처럼 입안을 벌려 주고 목구멍을 크게 열어 준다는 느낌으로 아~ 소리를 냅니다. 이때 복식 호흡법을 활용하여 코로 숨을 들이마시고 입으로 숨을 내쉬면서 아~ 소리 내는 것입니다.

 - 코로 숨 들이마시기 4초, 입으로 내쉬며 아~ 4초
 - 코로 숨 들이마시기 4초, 입으로 내쉬며 와~아~ 4초
 - 코로 숨 들이마시기 4초, 입으로 내쉬며 우~아~ 4초
 - 코로 숨 들이마시기 4초, 입으로 내쉬며 오~아~ 4초

20초 배 짜기 발성법.

코로 숨을 들이마시고, 입으로 내쉬며 "아~~~." 하고 20초 동안 소리를 계속 내면서 배가 쪼그라드는 느낌을 느껴 봅니다. 또 한 호흡에 "안녕하세요, 안녕하세요, 안녕하세요…"를 20번 반복하며 소리 내어 배가 쪼그라드는 느낌을 느껴 봅니다.

스타카토 발성법.

코로 숨을 들이마시고, 입으로 내쉬며 "아!, 아!, 아!, 아!, 아!" 스타카토로 힘 있게 하나씩 끊어 읽으며 소리를 내어 봅니다.

서서 하는 발성법.

배까지 깊게 숨을 들이마신 다음 바른 자세로 서서 한쪽 다리를 들고 "아~~~." 하고 15초간 소리를 내어 봅니다.

② 또박또박 정확하게 발음하기

마스크 착용으로 웅얼거리며 말하는 습관이 형성된 아이들은 대개 입

을 크게 벌리지 않고 말을 하는 경향이 있습니다. 정확한 발음을 위해서는 조음 기관을 풀어 주어 얼굴 근육의 힘을 키우고, 입 모양을 정확하게 소리 내는 연습이 필요합니다.

○ 얼굴 근육 스트레칭

- 두 볼을 꾹꾹 눌러 주며 클레이처럼 말랑말랑해지도록 충분히 마사지 해 주세요.
- 입 안에 풍성처럼 바람을 가득 넣고 공기를 위, 아래, 왼쪽, 오른쪽 돌려 주세요.
- 혀를 쭈욱 앞으로 내밀며 메롱 20번을 하며 혀 근육 운동을 해요.

○ 정확한 모음 입 모양 만들기

모음의 소리는 각 모음의 입 모양에 따라 만들어집니다. 따라서 기본 모음의 입 모양을 정확하게 알고 소리 낸다면 발음이 훨씬 좋아질 수 있습니다.

거울을 보면서 아래 모음 입 모양을 따라 정확하게 소리 내는 연습을 해요.

○ 발음놀이

릴레이 발음 놀이.

먼저 아래와 같은 연습용 문장을 준비하고 아이와 편을 나누어 1번 문장부터 5번 문장까지 정확하게 소리 내어 읽는 연습을 해요. 충분히 연습을 한 뒤 게임을 진행해요.

- 아래 문장을 1번부터 5번까지 차례로 읽다가 틀리면 처음부터 다시 시작해요. 예를 들어 3번 문장을 읽다가 틀리면 1번 문장으로 돌아가 다시 시작해요. 시간을 재어 더 빨리 문장을 다 읽은 사람이 이기는 게임입니다.

1. 내가 그린 기린 그림은 긴 기린 그림이고, 네가 그린 기린 그림은 안 긴 기린 그림이다.
2. 간장 공장 공장장은 강 공장장이고, 된장 공장 공장장은 공 공장장이다.
3. 저기 계신 저분이 박 법학 박사이시고, 여기 계신 이분이 백 법학 박사이시다.
4. 고려고 교복은 고급 교복이고 고려고 교복은 고급 원단을 사용했다.
5. 멍멍이네 꿀꿀이는 멍멍해도 꿀꿀하고, 꿀꿀이네 멍멍이는 꿀꿀해도 멍멍하네.

입 모양 스피드 게임.

아이와 편을 나누어 한 명이 먼저 아래 낱말을 소리 내지 않고 입 모양

만으로 읽어요. 상대편은 어떤 단어를 말하는지 입 모양만으로 알아맞히는 게임입니다.

제시 단어) 전화기, 친구, 과자, 코끼리, 사랑해 등등.

(2) 스피치 교육법 2. 미디어 노출로 떨어진 생각하는 힘 기르기!

① 브레인스토밍으로 생각 키우기

말을 할 때 어떤 말을 해야 할지 몰라서 망설이는 아이들은 생각의 힘을 키워야 합니다. 이때 브레인스토밍을 통해 자유롭게 떠오르는 생각을 모아 보면 생각의 힘을 키우고 자신감 있는 스피치를 할 수 있습니다.

○ 브레인스토밍

브레인스토밍이란?

아이디어를 폭풍처럼 많이 만들 수 있도록 도와주는 생각 기법.

브레인스토밍 규칙.

- 절대 남의 의견을 비판하지 말기.
- 자유로운 아이디어를 내기.
- 아이디어는 질보다 양이 많아야 좋아요.
- 모든 아이디어를 기록해요.

브레인스토밍 방법.

- 한 가지 주제를 정해요.
- 종이에 떠오른 생각을 마구마구 적어요.
- 생각을 종류별로 분류해요.

키즈스피치 원장들의 수다

② 마인드맵으로 생각을 정리해서 표현하기

　브레인스토밍을 통해 생각하는 힘을 키웠다면 생각을 효과적으로 정리하는 방법인 마인드맵을 배워 보겠습니다.

○ 마인드맵

마인드맵이란?

　주제를 두고 떠오른 생각을 마음속에 지도를 그리듯이 줄거리를 정리해 나가는 것.

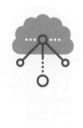

MIND MAP

마인드맵 방법.

- 중심 주제 정하기.

- 주제에 대해 최대한 많은 생각을 끌어내기(브레인스토밍 활용).

- 끌어낸 생각을 비슷한 속성끼리 가지로 연결하기.

- 각 가지의 소주제를 정하기.

③ 생각을 논리적으로 말하기

생각을 말로 할 때도 글을 쓰는 것처럼 서론, 본론, 결론으로 구조에 맞춰 말을 하면 전달력을 높일 수 있습니다. 논리적인 말하기 구조를 활용한 스피치 방법을 배워 보겠습니다.

○ 말하기 구조화시키기

먼저 내가 하고자 하는 말의 주제로 시작을 하고, 그 주제를 뒷받침할 수 있는 근거를 설명한 뒤 다시 주제로 돌아가 한 번 더 정리해 주는 방법으로 마무리를 하는 것입니다.

A: 내가 하고자 하는 말.

B: 내가 하고자 하는 말을 설명할 수 있는 이유 + 에피소드

A@:   내가 한 말을 다시 한번 정리.

○ 다양한 책을 읽고 독후감을 작성

평소 생활에서 논리적 구조를 연습하는 방법 중 하나는 논리적으로 글을 써 보는 것입니다. 말하기와 쓰기, 읽기는 아주 밀접하게 연결되어 있습니다. 특히 소설이나, 시, 만화책을 포함한 다양한 장르의 책을 읽어 보고 그것의 요점을 구조화시키는 연습을 꾸준히 한다면 읽기, 쓰기의 실력과 함께 논리적 말하기의 기초를 다지는 데 큰 도움이 됩니다. 그리고 책을 읽은 뒤 자신의 생각을 함께 정리하는 연습을 꾸준히 한다면 말하기에

활용 가능한 이야깃거리들이 많은 아이가 될 것입니다.

○ 일기를 쓰기

평소 꾸준히 일기를 쓰며 자신의 경험을 글로 구조화시키는 연습도 좋은 방법입니다. 하루 자신이 겪었던 이야기를 말하되 A-B-A@ 논리적 구조를 활용하여 내가 겪었던 일을 논리적으로 정리하는 방법입니다. 그날 있었던 일들 중 일기에 담을 소재를 찾고, 그것을 정리하여 주제를 정한 뒤 다양한 에피소드로 설명을 하고 마지막에는 다시 한 번 주제로 돌아가 그 일을 통해 느꼈던 점으로 마무리를 하는 방법입니다.

(3) 스피치 교육법 3. 혼자가 익숙해진 아이들의 사회성 기르기!

① 나만의 자기 소개로 친구에게 다가가기

코로나19로 또래 친구들과 어울리는 일이 줄어들면서 자연스럽게 사회성도 줄어든 아이들이 많습니다. 아직은 어색한 친구와의 거리를 좁히기 위해서는 인사부터 자기 소개까지 친구에게 먼저 다가가는 연습이 필요합니다.

키즈스피치 원장들의 수다

○ '나'를 소개하기

나는 누구일까요?

친구들에게 나를 잘 소개하려면 먼저 나에 대해 잘 알고 있어야 합니다.

- 내가 좋아하는 것, 내가 잘하는 것, 내가 싫어하는 것, 나의 가족, 나의 꿈 등 나를 주제로 다양한 생각을 마인드맵을 활용하여 정리해 봅니다.
- 마인드맵으로 나에 대해 정리했다면 마인드맵을 활용하여 나를 짧은 문장으로 소개해 봅니다.

  예) "나는 축구를 좋아해."/"나는 ○○학교 ○학년 ○반이야."/"우리 가족은 아빠, 엄마, 나야." 등등

자기 소개 원고 쓰기.

어느 정도 나를 소개할 키워드를 찾았다면 그 키워드를 활용해서 자기 소개 원고로 작성해 봅니다. 이때 스피치 구조(A-B-A@)에 맞춰서 정리하면 논리적으로 나를 소개할 수 있습니다.

직접 자기소개 연습하기.

완성한 자기 소개 원고를 바탕으로 거울 앞에 서서 혼자 연습을 하거나, 가족 앞에서 직접 자기 소개를 해요. 아이가 혼자 하는 것을 어려워하지 않도록 가족들이 먼저 시범을 보여 주는 것도 좋아요.

② 바른 감정 표현법 배우기

스스로 자기표현을 하지 않으면 아이의 마음을 아무도 알아줄 수 없고, 친구들과의 관계가 돈독해지려면 솔직한 나의 의사 표현을 할 수 있어야 합니다. 바른 자기표현을 위해서는 우리가 느끼는 다양한 감정을 바르게 이해하고 표현할 수 있어야 합니다.

○ 감정 카드 활용법

감정 카드를 활용하여 대화를 나누는 것만으로도 좀 더 깊은 속대화를 나눌 수 있고 서로의 마음을 이해하고 공감할 수 있는데요. 아이와 감정 카드를 활용한 대화를 통해 아이들의 마음을 들여다보고 엄마와 아이가 함께 성장하는 감정 카드 활용 대화법입니다.

어떤 마음일까?

어떤 특정 순간이나 상황을 떠올려 보고 그때의 감정을 표현할 수 있는 단어를 골라 구체적으로 설명해 봅니다. 이때 감정 카드는 자신의 마음을 끄집어내고 표현하는 걸 도와주는 도구가 됩니다.

타인의 마음 공감하기.

감정 카드는 자신의 마음을 표현하는 도구이자 공감 능력을 기르는 도구가 되어 줍니다. 아이가 일상 속에서 접하는 다양한 상황에서 내가 아닌 상대방이 느꼈을 감정을 찾아보고 상대방의 입장을 생각해 보는 건데요, 타인의 마음을 생각하는 대화를 통해 이해와 공감 능력을 높일 수 있습니다.

　감정 단어 설명하기.

　단지 대화로 끝나는 것이 아니라 아이가 직접 감정 단어를 골라 적합한 상황을 예로 들어 설명해 봅니다. '부끄러움'이란 단어를 골랐다면 아이가 최근 부끄러웠던 순간을 떠올려 보고 그 상황을 예로 들어 설명해 봅니다.

③ 경청하고 공감하는 또래 대화법

　말하기보다 중요한 것은 바로 경청입니다. 상대방의 말에 귀를 기울여야 소통을 할 수 있기 때문인데요. 친구의 말에 경청하고 공감하며 말하는 방법을 배운다면 건강한 또래 관계를 맺을 수 있습니다.

○ 효과적인 경청법, 1, 2, 3 화법

　탈무드에 보면 '인간은 입이 하나인데 귀가 둘이 있다. 이는 말하기보다 듣기를 두 배 더 하라는 뜻이다.'라는 구절이 있습니다.

　이처럼 대화에서 중요한 경청도 기술이 필요한데, 가장 효과적인 경청법으로 누구에게나 호감을 얻을 수 있는 대표적인 대화 요령이 '1, 2, 3 화법'입니다.

　먼저 1번 말하고 그 다음은 상대방의 말을 2번 들어준다. 마지막으로 경청하는 동안 3번 이상의 긍정적인 맞장구 혹은 칭찬을 해 주는 것입니다. 즉 한 번 말하고 두 번 듣고, 세 번 맞장구치라는 말입니다.

말은 1분 이내로 끝낸다.

말하기는 1분 이내로 간결한 문장으로 하는 것이 좋습니다. 요즘 아이들은 두뇌 회전이 빠르고 집중력이 약해 상대방의 말을 오랫동안 듣는 것을 싫어합니다. 특히 부모의 긴 이야기는 설교로 들리기 쉬우므로 아이에게 하는 말은 되도록 짧게 요점을 이야기해 줍니다.

그리고 친구와의 이야기를 끌어가기 위한 문제 제기 정도로 말을 하는데 이때 친구에 따라 관심사를 달리하도록 합니다.

물론 내가 말을 하는 도중이더라도 친구가 끼어들 수 있다는 것을 기억하고 너무 일방적인 말하기 습관이 생기지 않도록 주의합니다.

2배로 상대의 말을 들어준다.

내가 말하는 도중 누군가 끼어든다면 기분이 불쾌하듯이 친구가 이야기를 할 때는 아무리 재미없고 지루한 이야기더라도 끝까지 들어주도록 하는데, 단순히 형식적으로 듣는 시늉만 하며 다른 생각을 해서는 안 될 것입니다. 아이들이 흔히 하는 실수가 친구나 선생님의 이야기가 길어지고 재미없어진다면 딴생각을 하거나 다음에 자기가 할 말을 생각하는 버릇입니다. 하지만 상대방의 이야기를 잘 들어야 상대도 나의 말을 잘 들어줄 것이며 대화를 이어 갈 수 있다는 것을 명심합시다.

3번 이상 긍정의 맞장구를 친다.

상대방의 말을 들을 때는 단순히 듣고만 있는 게 아니라 상대가 하고자 하는 말을 다 할 수 있도록 기회를 주며, 중간중간 상대방의 말을 이해하고 있다는 의미의 말이나 제스처를 보여야 합니다. '아!', '그렇구나!'와 같은 감탄사를 활용하여 중간중간 맞장구를 치거나, 고개를 끄덕이는 등의 몸짓 언어도 좋은 표현입니다.

이때 너무 많은 맞장구는 오히려 말하는 사람의 이야기 흐름을 방해할 수 있으므로 주의합시다.

맞장구의 방법은 감탄사를 활용하고 고개를 끄덕이는 것뿐만 아니라 메모하는 것도 좋은 방법입니다. 예를 들어 친구와 이야기를 주고받으며 '응, 내일 2시에 학교 앞에서 보면 되는 거지?' 하면서 메모하는 모습을 보여 준다면 대화의 신뢰도는 더욱 커질 것입니다.

우리 아이
스피치 고민 상담소

1) 발표 때문에 등교 거부를 하던 아이는 반장이 되었다

한 아이가 며칠째 등교를 거부하고 있었습니다.

이유는 발표를 많이 시키는 담임 선생님을 만나 발표하는 것이 너무 힘들었던 것이었죠. 아이와 처음 만나 상담을 할 때 아이의 엄마는 아이가 타고나게 부끄러움이 많고 발표력도 없는 것 같다고 하셨습니다.

발표력은 과연 타고나는 것일까요?

저는 이 한 아이와의 에피소드를 통해 답을 드리고 싶습니다.

처음 수업에 참여한 아이는 본인이 부족해서 오게 된 곳, 발표를 하게 될 곳이라는 부정적인 인식으로 수업을 반가워하지 않았습니다. 때문에 무엇보다 스스로 마음을 열고 수업을 받아들일 수 있는 동기 부여가 중요했습니다.

이곳은 그동안 아이를 힘들게 했던 긴장과 불안을 다스리는 방법을 익히는 곳임을 알려 주고 앞으로 하게 될 수업은 딱딱한 수업이 아니며 내 생각을 소개하고 표현하는 것은 결코 어려운 것이 아님을 스스로 깨달을 수 있도록 충분한 대화와 몸으로 직접 할 수 있는 재미있는 활동에 중점을 두고 시작했습니다.

그렇게 서서히 마음을 연 아이에게서 어느 날 문득 솔직한 속마음 이야기를 들을 수 있었습니다.

아이가 등교를 거부할 만큼 발표가 불안했던 이유는 처음 발표를 하게 되었을 때 느꼈던 극도의 긴장감으로 머리가 새하얘졌던 경험, 자신이 말을 하지 않고 얼어 있자 주변 아이들이 키득키득 웃었던 일을 시작으로 준비가 안 된 상태에서 또다시 발표를 하게 되었을 때마다 불안감이 눈덩이처럼 불어났던 것이었어요.

게다가 주변에서 답답한 마음에 "자신감 가지고 하다 보면 돼!"라고 쉽게 했던 말들이 아이 입장에서는 매우 어려운 강요를 한 셈이었죠.

 두드림 솔루션

1. 긴장감은 다스릴 수 있어!

선생님도 큰 무대에 서거나 모르는 사람들 앞에서 발표할 때는 긴장을 느끼지만 그 긴장감을 다스리고 있다는 이야기를 해 주었어요. 아이는 절대 긴장하지 않을 것 같았던 선생님이 자신과 같이 긴장한다는 이야기에 안심한 듯 보였습니다.

아이가 그동안 방법을 몰라 힘들었던 긴장과 불안을 다스리는 방법을 함께 익혀 보자고 했습니다. 동기 부여가 확실해진 아이는 이제 막힘없이 수업에 따라오기 시작했습니다.

2. 선생님이 도와줄게! 같이 해 보자!

천천히 아이가 할 수 있는 만큼만 조금씩 작은 도전들부터 시작했어요. 그리고 작은 과제들을 해냈을 때는 정말 아낌없이 칭찬을 해주었죠. 한 장소에서 어느 정도 발표가 익숙해지면 조금씩 변화를 주며 **앉아서→ 제자리에 서서→ 연단에서→ 다른 교실→ 더 큰 무대로** 발표 장소를 천천히 확장해 갔고 스스로 해냈다는 뿌듯함과 성취감 또한 충분히 느끼도록 했습니다.

3. 연습은 필수

'프레젠테이션 발표' 하면 떠오르는 애플 창시자 스티브 잡스는 중요한 신제품 출시 발표가 잡히면 행사 몇 주 전부터 발표 시나리오를 짜고 동선까지 철저하게 연습했다고 합니다. 그는 모든 화면, 동선, 말까지 자신이 생각한 시나리오대로 '완벽'하게 될 때까지 끝없이 연습했습니다.

발표를 하기 전 연습하고 연습하고 또 연습하는 것, 그렇게 나의 발표에 스스로 준비가 되는 것이 발표 불안과 긴장감을 다스리는 방법입니다.

4. 기적 같은 변화

그렇게 아이는 작은 긍정의 경험들이 계속 쌓이자 놀랍게도 발표력에 변화를 보이기 시작하더니 곧 아이의 학교 생활도 완전히 달라졌습니다.

키즈스피치 원장들의 수다

스스로 손을 들기 시작했고 준비된 발표부터 즉흥 발표까지 무리 없이 해내기 시작했습니다. 만날 때마다 아이의 입에서는 "선생님 저 발표했는데~. 선생님 그래서 수업 시간에 제가 이렇게 손을 들고 말했는데요~."처럼 일주일 동안 있었던 학교에서의 뿌듯한 경험들로 가득해졌습니다.

그렇게 새 학년이 되자 아이는 스스로 임원 선거에 나가 반장으로 당선이 될 정도로 성장해 있었습니다. 발표 때문에 등교를 거부하던 아이는 이미 아주 옛날 이야기가 되었죠.

자신감과 발표력은 타고나는 것이 아닙니다.

국민 MC 유재석도 카메라 공포증이 있던 신인 시절이 있었다고 해요. 올바른 방법과 훈련, 격려와 칭찬, 꾸준함이 함께한다면 혹시 아니요? 우리 아이가 제2의 유재석이 될지. ^^

2) 집에서만 대장인 우리 아이

학원 문을 열고 들어서면서부터 엄마 뒤에 숨어 있던 미란이(가명). 아이와 상담을 진행하면서도 바닥으로 시선을 고정하고 질문에 대답하는 목소리도 거의 들리지 않을 정도였어요.

어렵게 하는 대답도 "네.", "아니오." 같은 단답형이 대부분. 하지만 엄마는 집에서는 이렇지 않다고 말씀하시더라고요.

집에서는 원하는 것을 정확하게 말하고 마음에 들지 않으면 큰소리로 짜증을 내거나 울면서 결국 원하는 것을 얻어 내는 아이라 엄마는 친구들과의 관계에서도 이렇게 자기 마음대로만 하려고 해서 또래 관계가 어려워질까 봐 걱정이었다고 해요.

하지만 친구들과의 놀이에서 함께 어울려 놀지 못하고 주변을 맴돌거나 먼저 말을 걸기는커녕 다가오는 친구에게 대답을 하는 것도 부끄러운지 작은 소리로 웅얼거리듯 대답하는 아이의 모습을 보셨다고 하는데요.

집 밖에서의 너무 다른 아이의 모습에 놀라 아이의 사회성이 걱정이 되어 학원을 찾아오셨다고 하더라고요.

학원에 들어서면서 큰 소리로 "안녕하세요."라고 인사하는 아이들이 있습니다. 에너지 넘치고 사랑스러운 인사는 친구들은 물론 선생님들에게도 행복함을 줍니다. 하지만 모든 아이들이 그런 것은 아닙니다. 눈을 마주치며 인사하는 것이 쑥스럽고 어색한 아이들도 많이 있는데요. 엄마 뒤로 몸을 숨기거나 입은 움직이지만 소리가 들리지 않는 경우도 있습니다.

아이들이 집에서의 모습과 달리 소극적으로 행동하는 데에는 다양한 이유가 있습니다. 기질적으로 사회적 민감성이 높은 아이들의 경우 주변의 반응에 지나치게 신경을 쓰다 보니 자기표현을 하는 것이 어려울 수 있습니다. 그리고 고집이 세거나 항상 내가 우선시되고 이겨야 한다고 생각하는 경우 하고 싶은 욕구는 높지만 욕구가 충족되지 않으면서 또래 관계에서의 적응이 쉽지 않을 수 있습니다. 집에서는 내가 하고 싶은 놀이, 가지고 싶은 장난감 모두 갈등 없이 언제든 사용할 수 있습니다. 하지만 친구들과의 놀이에서는 나누고 양보하면서 크고 작은 갈등 상황을 경험하게 되는 것입니다.

잘하고 싶은 욕구와 욕심은 있는데 친구들의 반응은 생각했던 것과 다르고 자신의 말에 잘 따라 주지 않는 것을 경험하면서 집에서는 자신이 원하는 방향을 요구하지만 밖에서는 의사 표현을 정확하게 하는 것을 머뭇거리는 모습을 보이게 되는 것입니다.

사회적 상황이 불편하고 불안해서 긴장이 커지게 되고 그럴수록 자기표현이 줄어들고 미성숙한 표현으로 상처받지 않기 위해 더욱 소극적으로 변해 가게 되는 것인데요. 이런 아이들은 집에서의 강한 모습 때문에 오해할 수 있지만 마음이 여려 작은 말에도 상처받는 경우가 많이 있습니다. 그렇기 때문에 걱정되는 마음에 큰 소리를 내거나 잔소리하는 것은 도움이 되지 않습니다. 아이의 마음을 알아주고 올바른 자기표현법을 알려 주는 것이 필요합니다.

다양한 상황을 연습해 보면서 아이들은 내가 어떻게 행동해야 하는지 친구들이 어떻게 반응하는지 익숙해지는 시간이 필요합니다. 소극적인 아이들의 경우 먼저 친구들에게 다가가는 것은 쉬운 일이 아닌데요. 이런 경우 한두 명의 친구를 집으로 초대하거나 친구의 집으로 방문하면서 자연스럽게 하지만 편안하게 어울리는 경험을 할 수 있도록 도와주세요.

이때 아이들끼리 시간을 보내도록 두는 것이 아니라 필요한 경우 아이가 올바른 자기 표현을 할 수 있도록 행동이나 말을 알려 줄 수 있도록 하는 것이 중요합니다. 아이가 특별히 자기 표현을 어려워하는 부분에서 도움을 주는 것이 중요합니다.

도움을 요청하거나 거절을 하는 것을 어려워하는 경우 혹은 불편한 감정을 표현하는 것이 어려운 경우 등 아이에게 필요한 순간 올바른 표현법을 알려 주는 것인데요. 여기서 잊지 말아야 하는 것은 모든 표현을 대신하지 않도록 하는 것입니다.

많은 친구들과의 관계까지는 시간이 필요합니다. 아이의 불편한 마음을 이해하지 못하고 불안감을 빨리 이겨 내라며 몰아세우는 것은 절대 도움이 될 수 없습니다. 소규모의 활동을 통해 자연스럽게 자기표현을 할 수 있는 기회를 경험하며 자신감을 키울 수 있습니다.

요즘 아이들은 초등학교에서부터 토론식 수업이 이루어지면서 발표 기회가 많아졌습니다. 소극적인 아이들에게 이런 수업은 분위기부터 어려울 수 있는데요. 또래 관계에서부터 입시, 취업까지 아이들은 앞으로 많은 순간 자기표현이 필요합니다.

그렇기 때문에 가족이 아닌 다른 사람 앞에서도 자신감이 있게 정확한 언어로 자기 표현을 할 수 있도록 학원을 찾는 부모님들이 많아지고 있습니다.

소극적인 아이들과의 수업은 보통 공룡, 중장비, 애니메이션, 게임 캐릭터 등 자신 있게 말할 수 있는 **다양한 주제로 자유롭게 말하는 것부터 시작합니다.** 대부분의 아이들은 칭찬에 긍정적으로 반응하는데요. 특히 사회적 민감성이 높은 아이들의 경우 **칭찬과 관심은 큰 동기 부여가 될 수** 있습니다. 수업 시간 동안 단 한 단어를 소리 내서 이야기했다고 해서 **실망하거나 다그치지 않습니다.**

새로운 분위기에서 그 한 단어를 말하기 위한 **아이의 노력에 누구보다 기뻐하며** 칭찬을 아끼지 않고 반응해 줍니다. 그리고 아이의 말을 귀담아들으며 진심으로 궁금해하며 공감하고 있다는 것을 보여 주는 것이 중요합니다. 내가 하는 말이 오해 없이 잘 전달되고 있다는 소통의 즐거움을 알려 주는 것인데요. 자기표현에 소극적인 아이들의 경우 의도와는 다르게 오해를 받거나 원하는 반응을 얻지 못하면서 상처를 받는 경우가 많기 때문입니다.

어떻게 말해야 할지 몰라 속상해하지 않도록 정확하게 내용을 전달하는 방법을 알려 주는 것이 중요합니다. 단어만 사용하여 대화하거나 서툴거나 부적절한 표현을 사용하는 경우 적절한 단어나 표현을 활용해 다시 말해 주며 올바른 자기표현법을 자연스럽게 알아갈 수 있도록 도와줍니다.

아이들은 모방을 통해 말하기를 배웁니다. 자신이 말한 내용을 적절한 목소리 크기와 안정된 말하기 속도로 다시 들으며 소통 방법을 배울 수 있는 것입니다.

이런 방법을 함께 연습하면서

"내가 하려던 말이 그거였어요!"

"아~ 그렇게 말하는 거구나!"라고 반응하기도 하는데요.

이런 정서적인 반응이 계속되면서 아이는 어느 순간 마음을 열고 수다쟁이가 되는 마법을 보여 줍니다.

3) 앞에만 나가면 다리가 떨려요

주완이(가명)는 정말 밝고, 명랑한 친구였습니다. 문을 열고 들어올 때부터 '오늘은 무슨 장난을 칠까?' 고민하는 개구쟁이였죠. 하지만 수업 참여도가 매우 높고, 친구들에게 내 의견도 아주 씩씩하게 잘 말하곤 했습니다. 여기까지 모습은 전혀 고민이 없어 보입니다.

그런데! "자 이제 앞에 나와서 발표해 볼까?"

하는 순간 책상 아래로 들어가고, 시선을 피하는 등 평소 모습과는 다른 반응을 보였습니다.

"아~ 하기 싫은데…. 오늘은 진짜 안 하고 싶다. 오늘은 안 하면 안 돼요?"

"왜 안 하고 싶어?"

"아 그냥 귀찮아요."

라며 앞에 나와서 발표하고 싶지 않은 이유를 말하는 것도 피하더라고요.

평상시에는 자신감이 넘치고 말을 잘하는데, 사람들 많은 곳에서 발표할 기회가 있을 때는 유난히 자신감이 없는 아이들이 있습니다. 또 평상시에도 다른 사람에게 내 생각을 말하는 걸 어려워하며 발표 시간만 되면 온 몸이 덜덜 떨릴 정도로 긴장하는 아이들도 있습니다.

발표할 때 앞에만 나가면 다리가 덜덜덜 떨리고, 손을 가만히 두지 못할 정도로 긴장을 많이 하고, 목소리가 개미 목소리처럼 작아지며 주눅드는 아이! 지금부터 이야기해 보려고 합니다.

시간이 조금 지나고 아이의 속마음을 들어 볼 기회가 생겼어요. 이유를 물어보니 '앞에 나와서 할 때면 아주 잘해야만 할 것 같은 부담감이 있다.' 고 표현했습니다. 앉아서 말할 때는 마음이 편안한데 앞에만 나가면 틀릴까 봐, 실수할까 봐, 발표를 망칠까 봐 걱정되어서 아예 도전하기를 거부했던 것이죠. 이런 마음의 부담을 하루빨리 스스로 털어 낼 수 있도록 수업을 진행했습니다!

두드림 솔루션

1. 가장 먼저 실수에 대한 생각을 바꿔 주었어요

'못해도 돼. 실수해도 돼. 실수하면서 배우는 거야. 다음에 잘하면 되지 뭐.'라고 이야기해 주면서 실수에 대한 두려움을 조금씩 내려놓도록 도왔습니다. 그리고 아이가 실수했을 때 무안하지 않도록 반 분위기를 조성하고, 서로를 응원할 수 있는 구조를 만들었습니다.

2. 도전의 즐거움을 알려 주었습니다

"잘하는 것보다 도전하는 것이 훨씬 멋있는 자세다!"라고 설명했습니다. 그 과정에서 얻는 즐거움이 훨씬 크고, 도전을 하다 보면 나도 모르는 사이에 실력이 많이 성장할 수 있다고 알려 주었어요. 처음에는 딱 한 번만 발표하겠다던 주완이가 어느새 '아 틀렸다. 한 번 더 할래요!!!'라며 실수를 딛고, 더 좋은 결과물을 만들기 위해 도전하는 아이로 변화했습니다.

3. 앞에서 나와서 발표하는 것이 마치 재미있는 놀이인 것처럼 받아들일 수 있도록 진행했어요

그중에서도 〈미션 수행하기〉가 정말 좋은 방법인데요, 발표할 때 지난 시간보다 목소리 30% 크게 하기, 문장 속 글자의 수를 모두 세면서 말하기, 나무처럼 다리 움직이지 않기 등등 아주 쉬운 미션부터 점점 단계를 높여 갔습니다. 그 과정에서 필요한 부분을 지도하면서 스스로 실력을 쌓을 수 있도록 했습니다. 미션을 성공했다는 성취감도 얻고, 실력도 키우는 일석이조의 효과를 볼 수 있었죠!

발표를 힘들어 하는 아이, 두 번째 케이스도 소개해 볼까 합니다.

현수(가명)는 처음 상담 때부터 어머니가 걱정이 많았던 아이입니다. 또래 친구들에 비해 어휘력도 부족하고, 말이 워낙 느린 편이고, 학교에서 발표 활동에는 거의 참여하지 않는다고 하셨죠.

첫 수업 때 '**현수는 어떻게 생각해?**' 질문을 정말 힘들어 했습니다. 분명히 생각나는 게 있고, 발표도 하고 싶을 텐데 첫 음절을 내뱉기까지 시간이 아주 오래 걸렸습니다. 앞에 나와서 발표하는 것도 무척 힘들어 했고요. 몇 주 후 앞에 나오기까지는 성공했는데 발표하는 내내 손과 다리를 가만두지 못하는 모습을 보였어요.

현수 같은 경우는 자신감을 키워야 하는 친구입니다. 발표 자신감은 연습을 통해서 기를 수 있습니다. 다양한 말하기 경험이 필요하며 그 과정에서 꼭 긍정적인 피드백을 해 주어야 합니다! '내가 친구들 앞에 이렇게 발표하는 것이 재미있구나! 나도 할 수 있구나!'라고 생각할 수 있도록 도와주어야 합니다!

현수는 〈스피치 표현 단계〉를 세분화해서 한 단계씩 스스로 성장할 수 있도록 지도했어요.

처음부터 앞에 무조건 해 보라고 강요해서는 절대 안 됩니다! 오늘 할 수 있는 만큼만 해 보자. 응원하며 스스로 알을 깨고 나올 수 있도록 기다려 주었어요. 가장 먼저 주제에 맞는 여러 질문을 하며 아이가 스스로 생각하고 간단한 답이라도 소리 내어 해 볼 수 있도록 유도했습니다.

그리고 표현 단계를 매우 구체적으로 나누었습니다. 앉아서 인사하기, 앉아서 글 읽기, 앞에 나와서 인사만 해 보기, 그 다음은 주제까지 말해 보기, 그 다음은 주제에 대한 내 생각까지 한 줄 말하기 등 디테일하게 수업 목표를 나누었습니다. 처음에는 망설이던 현수가 조금씩 용기를 내 보려고 노력하게 되었어요! 각 단계를 해냈을 때 무엇을 잘했는지 구체적으로 칭찬해 주었고, 다음주 목표를 미리 설명해 줘서 스스로 마음의 준비할 시간을 주었습니다.

그리고 발성 연습을 꾸준히 했습니다. 그냥 말할 때도 목소리가 떨릴 때가 많아서 작게 말하는 것부터 점점 목소리 키우기, 복식 호흡 연습, 소리 멀리 던져 보기 등등 자꾸 소리를 밖으로 표출해 보는 시간을 가졌습니다. 소리가 어느 정도 커진 것은 물론 훨씬 안정적으로 달라지는 것을 느낄 수 있었어요!

또 발표할 때 비유를 통해 상상하며 할 수 있도록 지도했어요. "똑바로 서!" 대신 "너의 다리는 지금부터 나무야. 나무처럼 움직이지 않고, 꼿꼿하게 서서 해 보자."라고 설명해 주니 현수가 이해하기 훨씬 도움이 되었습니다. 또 너무 긴장돼서 손이 떨릴 때는 대안을 설명해 주었어요. '양손끼리 꼭 잡거나, 깍지를 끼거나, 단상을 쥐고 해 보기.'처럼 긴장감을 어느 정도 가라앉힐 수 있는 방법을 알려 주었습니다.

목소리는 안으로 기어 들어가고, 손과 시선을 어찌할 줄 모르던 현수가 이제는 마이크를 잡고, 친구들 앞에서 자기 생각을 또박또박 이야기합니다. '긴장'이 '용기'로 바뀌는 순간을 보며 훌륭한 말하기 솔루션의 기적을 체험합니다!

1. 사람들 앞에 섰을 때 아이의 긴장도가 어느 정도인지 파악해야 합니다

얼만큼 긴장하는지는 사람마다 조금씩 다를 수 있는데요, 심하면 호흡이 제대로 되지 않아서 현기증을 느끼는 아이도 있습니다. 그렇기 때문에 아이의 신체 상태와 마음을 자세하게 관찰해야 합니다.

2. 이미지 트레이닝을 할 수 있도록 도와주세요

집에서 엄마와 연습을 할 때 1:1로 진행하기 때문에 잘해 낼 수 있지만 많은 사람들 앞에서 발표를 하게 되면 부담감이 생길 수 있습니다. '지금 10명 앞에서 발표한다고 상상해 보자.', '30명 앞에서 발표한다고 상상해 보자.'라고 이야기하며 스스로 청중을 마음속으로 그려 보도록 유도해 주세요! 인형이나 사진 등을 앞에 놓고, 발표해 보는 것도 도움이 될 수 있습니다.

3. 긴장을 완화할 수 있는 나만의 방법을 만들어 주세요

긴장을 많이 하면 앞에 나갔을 때 신체적으로 이상 증세가 발생할 수 있습니다. (다리 떨기, 손 움직이기, 눈 굴리기 등.)그럴 때 심호흡 크게 하기, 손가락을 붙였다가 떼기, 주먹 10번 쥐기 등과 같은 나만의 방법으로 스스로 마음을 가라앉힐 수 있도록 도와주세요.

4) 내성적인 우리 아이 친구 사귀는 방법을 알려 주세요

올해 초등학교에 입학을 앞둔 다온이(가명)는 어릴 적부터 절대 친구에게 먼저 다가가지 못하는 아이였습니다. 놀이터에 나가서도 친구들 곁에서만 맴돌다 먼저 다가가서 놀지 못하고 결국 혼자 놀거나 엄마가 중재자가 되어 친구와 함께 놀 수 있는 분위기를 만들어 주면 친구들과 겨우 어울리는 정도였습니다.

간혹 새로운 친구가 먼저 다가와서 말을 걸어도 대답을 안 하고 시선을 피할 정도였는데요, 이제 곧 초등학교 입학을 앞두고 학교에서도 친구들과 어울리지 못하고 혼자 외롭게 지내게 될까 봐 걱정이 큰 엄마와 함께 두드림을 찾아 주었습니다.

내성적인 아이는 대개 마음과 달리 그것을 표현하기를 부끄러워하거나 당황스러워 하며 친구들과 쉽게 눈을 마주치지 못합니다. 친구에게 관심이 없는 것도 아닌데 또래와 관계 맺는 것을 어려워하고 먼저 다가가는 것뿐만 아니라 친구가 먼저 다가와도 거부하는 경우가 많죠. 특히 또래와의 관계가 매우 중요한 초등학교 시기가 되면 내성적인 아이의 이런 어려움은 부모님을 더욱 걱정하게 합니다.

스피치 수업을 통해 아이의 이런 사회성도 기를 수 있을까요?

사회성을 기르고 싶어 스피치 학원을 찾는 아이들의 경우 이번 상담과 비슷한 케이스의 내성적인 친구들이 참 많은데요, 이번 고민 친구는 친구들에게 관심이 없는 것도 아닌데 자신감이 없어서 먼저 다가가지 못합니다. 보통 내성적인 성향을 가진 친구들이 이런 모습을 많이 보입니다.

내성적인 아이들은 다른 사람보다 탐색하는 시간이 오래 걸리며, 낯선 환경에 적응하는데도 시간이 오래 걸리지요. 이런 아이에게 부모가 서둘러 친구에게 다가가길 강요하다 보면 아이들은 더욱 부담이 커지고 아이는 또래와 관계 맺기를 더욱 어려워하게 됩니다. 절대 서두르지 말고 아이의 속도에 맞춰 기다려 주고 안심시켜 주시기 바랍니다.

또한 새로운 친구들에게 다가가지 못하는 아이들의 특징 중 하나는 하고 싶은 말이 많아도 친구들 앞에만 서면 입이 떨어지지 않는 것입니다.

그 원인은 친구가 나를 '싫어할까 봐.' 하는 두려움이 가장 큰데요, 내가 먼저 아이들에게 말을 걸고 인사를 했을 때 다른 친구들이 받아 주지 않을까 봐 혹은 내가 한 말이 친구에게 거절당할까 봐 등 아이 스스로 나쁜 시나리오를 만들고 일어나지 않을 일들을 미리 걱정부터 하기 때문에 점점 그 두려움이 커지는 것입니다.

이렇게 다른 사람의 반응에 두려움이 큰 친구들은 수업 시간에도 '틀릴까 봐.' 하는 걱정과 두려움으로 절대 먼저 손을 들어 발표를 하지 않습니다. 또한 친구들 사이에서도 나의 주장이 틀릴까를 먼저 걱정하다 보니 또래 대화에서 늘 자기주장을 하지 못하고 말할 타이밍을 놓치는 일들이 많습니다.

다른 사람의 감정이나 생각, 입장을 극도로 예민하게 받아들이고 반응하는 아이도 '사회적 인지 능력'이 낮은 아이에 속하는데요, 예전에 비해 요즘 이런 유형의 사회적 인지 능력이 부족한 아이들이 많은 원인은 형제나 동네 친구들과 자연스럽게 어울리는 기회가 줄어들어 사회성을 키울 수 있는 기회가 적고 한창 사회성이 자라는 시기에 영어유치원, 학원 등으로 그 기회를 놓치는 탓도 있습니다.

이런 친구들은 아이 스스로 자존감을 높여 자신감을 키울 수 있도록 도와주어야 합니다. 그래서 아이의 스피치 수업에서 가장 중점을 둔 것은 아이를 존중하고 아이의 마음과 말에 귀 기울여 주는 것이었습니다.

예를 들어 학교에서 일어났던 일에 대해, 어떻게 된 일인지, 그때 아이의 기분은 어땠는지, 또 상대방의 기분은 어땠을 것 같은지 어떻게 행동했으면 다른 결과를 가져올 수 있었을지 함께 대화를 통해서 아이의 마음을 들여다보는 시간을 규칙적으로 가졌습니다.

또는 책을 읽고 주인공들의 행동을 통해 왜 그런 말과 행동을 했을지, 상대방의 기분은 어땠을지를 함께 이야기해 보았습니다.

아이가 책 속 주인공을 통해 간접 경험을 하며 바르게 표현하는 방법을 배우고, 수업에서 자신의 마음을 들여다보는 시간을 가지자 아이는 서서히 마음을 열어 주었습니다.

이때 내성적인 성향의 아이일수록 아이의 속도에 맞춰 수업을 진행해 주는 것이 중요합니다. 그리고 어느 정도 센터 수업 환경에 익숙해진 후 아이와 성향이 잘 맞는 친구와 자연스럽게 어울릴 수 있도록 모둠 활동이나 협동 활동을 진행하며 또래와 어울릴 수 있는 기회를 늘려 주었습니다.

성향이 잘 맞는 친구와 함께 활동하고 스스로 자신의 마음을 표현하는 기회가 늘어 가며 아이의 자신감이 점점 향상되는 모습을 보여 주었는데요. 이제는 새로운 친구가 수업에 참가하면 먼저 다가가 인사를 하는 모습까지 보여 주고 있답니다.

우리 아이들이 많은 부와 명예를 가지더라도 주변에 어울리는 사람이 없어 늘 혼자 외로운 사람보다는 조금은 평범한 삶을 살더라도 주변에 많은 사람들과 어울리고 어디를 가든 환영받는 아이로 키워 주는 것이야 말로 우리 아이들에게 가장 필요한 조기 교육이 아닐까 생각합니다.

사례의 아이처럼 눈에 띌 정도로 친구에게 다가가는 것을 어려워한다면 정확한 원인을 살펴보고, 친구를 사귀는 연습을 시작할 수 있도록 적극적인 대처가 필요합니다.

아이의 사회성도 국어, 영어, 수학과 같이 학습을 통해 성장시킬 수 있습니다!

1. 두려움 바로 알기

이 유형의 아이들의 대부분은 누군가가 먼저 다가와 인사해 주고 말을 걸어 주는 것을 기다리고 좋아하지만 막상 누군가 다가와 말을 걸면 어쩔 줄 모르고 당황하는 모습을 보입니다. 심한 경우 낯선 사람을 만나는 것을 두려워하는 경우도 있습니다. 따라서 아이에게 이런 상황을 설명해 주어 두려움에서 벗어나게 도와주는 것이 무엇보다 필요합니다. 이때 책이나 영화를 함께 보며 주인공들의 행동을 관찰하여 아이와 함께 생각해 보고 이야기해 보는 것도 좋은 방법입니다.

2. 역할놀이

실전에서 바로 친구들에게 다가가 나를 표현하는 것이 어려운 친구들에게는 아이의 상대가 되어 역할놀이를 하는 것도 좋습니다. 새로운 친구들을 만난 상황이나 친구들에게 내가 하고픈 이야기를 하는 상황을 만들고 상대를 친구 삼아 다양한 상황에 익숙해질 때까지 아이와 반복해서 연습하는 것입니다.

3. 아낌없이 칭찬하고 격려해 주기

칭찬은 모든 아이들에게 가장 큰 솔루션입니다!!

특히 이 유형에 속하는 아이들은 다른 사람을 의식하는 만큼 다른 사람에게서 듣게 되는 긍정적인 칭찬이 무엇보다 큰 힘이 되기도 하는데요, 작은 변화에도 크게 칭찬을 아끼지 않는다면 "나도 할 수 있구나."라는 자신감으로 두려움을 이겨 내는 데 도움이 될 것입니다.

5) "몰라요, 싫어요, 못해요, 도와주세요"

유민이(가명)는 늘

"몰라요.", "그냥요."

라는 대답만 되풀이하는 성향의 아이였어요.

자신의 기호를 묻는 질문에도 늘 모른다는 습관어가 튀어나왔고 회피하기

만 하는 아이였죠. 어머님이 많이 답답해 하셨습니다.

학부모님들이 스피치 학원을 찾는 이유는 참 다양하죠.

그중에서 우리 아이는 늘 회피하는 성향을 가지고 있어 답답하다고 고민을 털어놓는 분들이 많았어요.

이처럼 생각이 있음에도 불구하고 습관처럼 모른다고 대답하는 아이들과 사고하기를 싫어하고 귀찮아하는 아이들로 인해 걱정되는 심정으로 구원의 손길을 찾는 학부모님들이 많이 계십니다.

회피하는 성향의 아이 과연 변화할 수 있을까요?

그렇다면 유민이는 정말 몰라서 모른다고만 대답하는 것이었을까요?

때에 따라서 정말 몰라 '몰라요.'라고 대답하는 경우도 있겠지만, 모든 질문에 대해서 늘 모른다는 대답을 하고 아는 대답도 모른다고 회피하는 아이들은 정말 몰라서 대답하기를 꺼려 하는 것이 아닌, 상대방의 평가를 과도하게 신경 써서 혹은 내가 어떠한 이야기를 했을 때 상대의 충분한 리액션을 듣지 못했기 때문에 그 결과 말하기에 있어 충분한 성취감을 느끼지 못해 사고의 문을 그냥 닫아 버린 경우가 많아요. 이러한 문제는 모두 자신감과 연결된 부분이라고 할 수 있어요.

자신감이 결여되어 회피하는 친구들의 원인은 크게 3가지로 나뉘는데

1. 내 생각을 어떻게 표현해야 할지 방법을 모르고 그에 대한 경험이 없어 내가 이야기를 했을 때 따르는 성취감을 느끼지 못해서.
2. 과거에 말을 못해 그로 인해 심한 좌절을 경험하여 말하기가 싫어 회피하는 경우.
3. 자신의 행동에 대해 부모가 늘 개입해서 참견하고 잔소리를 하시며, 빨리 대답하라고 야단을 듣고, 그래서 아이가 무언가 얘기하고 잘해도 칭찬을 못 듣게 되는 경우. 늘상 평가를 신경 쓰다 보니 차라리 하지 않는 편이 낫겠다 생각하는 경우.

스스로 회피 행동을 하는 양상을 보이게 된 것입니다.

저는 유민이에게 다음과 같은 해결책을 제시해 주었어요.

1. 충분히 기다려 줄게, 넌 할 수 있어!

불안한 유민이의 감정 상태를 물어봐 주고 아이의 감정을 공감해 줍니다. 그리고 용기를 북돋아 줍니다. 그리고 나서 처음엔 아이가 쉽게 대답할 수 있는 정말 쉬운 주제로 아이에게 질문을 던진 뒤 그 질문에 대해 충분히 사고할 수 있도록 기다려 주었습니다. 그랬더니 아이가 충분히 생각한 뒤 자신의 대답을 해 주었습니다. 아이가 표현해 준 것만으로도 너무 훌륭한 생각이며 표현해 줘서 고맙다는 즉각적인 칭찬의 표현을 듬뿍해 주었습니다.

2. 표현해 보니 즐겁지~? 너무 잘하는구나!

어려운 주제일 경우 선택지를 제시해 주거나 예시를 들어 주며 아이가 충분히 생각할 수 있도록 스스로 표현하는 방법을 제시해 주고 이끌어 주었습니다. 또한 아이가 좋아하는 활동을 제시해 주며 표현하는 즐거움을 더 느끼게 도와주었습니다. 그리고 긍정의 피드백을 늘 전달해 주었어요.

이렇게 하루하루 수업을 진행했더니 지금 유민이는 스피치 학원에 오는 것을 제일 좋아하는 학생이 되었어요. 또한 저에게 "선생님 말하는 게 하나도 어렵지 않네요."라고 말해 주었고 수업 시간뿐 아닌 일상 생활에서도 "몰라요. 그냥요."가 아닌 주제에 대한 생각을 멋지게 작성하고 이야기해 주는 아이로 거듭나게 되었습니다.

이처럼 자신감 향상이 필요하고 회피하는 우리 아이들에게는 성급한 대답을 강요하기보다는 아이가 충분히 생각하고 대답할 수 있도록 충분하게 기다려 주세요. 그리고 아이가 생각을 잘 정리하여 이야기했다면 그 즉시 칭찬의 반응을 해 주세요. 그래서 아이가 생각을 표현한 것에 대한 자신감과 성취감을 길러 주셨으면 합니다. 불안이 많은 아이일수록 부모님께서 많은 표현과 공감을 해 주세요. 또한 아이가 재미있어 하는 다양한 경험을 통해 그 안에서 표현하는 즐거움, 사고하는 즐거움을 느끼게 도와주는 것도 우리 아이가 회피형이 아닌 열정적으로 생각을 표현하는 아이가 되는 지름길이 될 수 있을 것입니다.

6) 우리 아이는 꼭두각시

수아(가명)는 8살 여자아이였어요.

수아는 늘 친구가 하자는 놀이만 따라하고 역할놀이를 할 때도 친구가 하라는 역할, 나머지 역할만 한다며 너무 너무 속상한 마음에 어머님께서 두드림의 문을 두드려 주셨어요. 실제로 수아를 만나 보니 아이가 소심한 편이었고 위축된 모습을 많이 보였으며 자기표현을 못 하고 양보만 하는 아이임을 진단할 수 있었어요.

즉 자신의 의견을 피력하지 못하고 끌려만 다니는 수동형의 아이였죠.

친구가 하자는 대로만 따라가는 일명 **'수동형 꼭두각시'** 유형의 아이들의 행동을 살펴보면 대체로 하고 싶은 이야기가 있어도 표현하지 못하고 눈치를 살피는 경우가 많아요.

우리 아이는

"늘 뒤에서 친구들을 지켜만 보는 아이."

"자기주장은 못 하고 늘 양보만 하는 아이."

"끌려 다니기만 하는 수동형 아이."예요.

우리 아이에게
"리더십을 길러 주세요."
"심지어는 말싸움을 잘하게 해 주세요."
라고 외치던 학부모님들이 계셨어요.

실제로 그런 친구들과 수업을 진행하고 이제는 그 아이들이 리더십 있는 반장이 되고, 연극의 주인공을 하고 있습니다.

먼저 수동형의 아이들의 특징을 살펴보면, '다른 사람이 나를 어떻게 생각할까?', '내가 잘할 수 있을까?' 등등 자신의 행동을 지나치게 염려하는 나머지 자신의 의지를 표현하기보다는 타인의 눈치를 살피는 행동을 하게 되는 경우가 많습니다. 그리고 자신감이 결여되어 있다 보니 내 생각과 의지대로 표현하지 못하는 행동을 하고 그 안에서 내적 갈등이 많이 일어나게 됩니다.

아이들은 자신이 무언가를 결정했을 때 후에 책임질 일이 두려운 나머지 시키는 대로만 하려는 수동적인 행동을 보이기도 합니다. 그래서 아이는 최소한의 의사 표시만 하거나 그것도 못 한 채, 자신이 결정하기보다는 "나 뭐 하면 좋을까?", "네가 결정해 줘."라고 말하고 결정권을 타인에게 넘기고 따라가려는 행동을 하게 됩니다.

앞서 이야기했듯이 이런 행동의 가장 큰 원인은 무엇보다도 자신감의 결여에서 비롯됩니다. 이럴 때는 아이가 스스로 해낸 것에 대해 결과가 좋지 않았더라도 그 단점을 지적하기보다는 잘한 면과 발전된 부분, 자신의 생각을 표현한 것만으로도 관심을 표현해 주는 태도가 아주 중요합니다.

두드림 솔루션

1. 우와! 이런 생각을 했구나!

우선 수동형 아이에게 개인 레슨을 진행하면서 선생님과 유대 관계를 쌓아 가며 차근차근 아이의 주장을 이끌어 내 줄 수 있도록 다양한 상황을 제시해 주었습니다. 표현을 어려워한다면 선택지를 주며 진행합니다.

예를 들어 가장 쉬운 주제로 접근해서 "토끼와 거북이 중 무엇이 좋겠어~?", "빨강 노랑 중 무슨 색이 좋아?" 등등 쉬운 질문 안에서 아이가 의견을 고르고 제시할 수 있게 다가가 줍니다. 아주 작은 생각이어도 아이가 자신의 의사를 표현해 준 것만으로도 너무 멋지다는 격려와 긍정의 반응, 칭찬을 아끼지 않습니다.

그 뒤로 한 단계, 한 단계 더 폭넓은 사고와 주장을 할 수 있는 주제를 주면서 내 생각을 자유롭게 표현하는 연습을 해 보았고 친구들과 일어날 수 있는 상황 시뮬레이션을 진행해 보면서 아이가 그 시뮬레이션에 이입해 멋지게 대답할 수 있도록 지도하였습니다. 아이의 생각이 나올 때면 똑같이 그에 대해 존중의 리액션을 무한 반복해 주었습니다. 가짜 리액션이 아닌 정말 멋진 모습에 칭찬을 할 수밖에 없거든요. ^^

2. 눈치 보지 않아도 돼~ 친구들이 귀담아들어 준단다

더 나아가 개인 레슨을 종료하고 실전 스피치 수업을 진행하였습니다. 대다수의 아이들이 듣고 있는 그룹 수업의 기회를 마련해 그동안 개인 레슨을 통해 배웠던 자기표현력을 발휘할 수 있는 다양한 의견 제시 상황을 실제로 경험시켜 주고 자신이 주장을 했을 때 친구들도 잘 듣고 호응해 주며 따라오는 경험을 동시에 시켜 주었습니다. 때에 따라서는 아이보다 어린 동생들과도 어울리게 해 주었습니다. 거기에서 비롯되는 우월감과 자신감을 통해 사회 적응력이 커져 차츰 또래와의 적응력도 커질 수 있기 때문입니다.

이러한 수업 과정을 통하여 수동형 꼭두각시 유형이었던 수아는 현재 리더십을 발휘해야만 하는 학급 반장과 뮤지컬 수업에서 주인공을 맡는 멋진 아이로 성장하게 되었답니다. 그리고 언제 어디서든 자신의 생각을 멋지게 표현할 줄 아는 **수동형이 아닌 주도형 아이**가 되었습니다.

가정에서도 의사를 표현할 수 있는 기회를 꼭 마련해 주세요!

이처럼 수동형의 자녀가 걱정이시라면 먼저 가족 모임을 통해서 자신의 의사를 표현하는 연습을 하고 이를 존중해 주는 활동을 많이 하셨으면 좋겠습니다. 그리고 자녀보다 나이가 어린 아이들과 어울리는 기회를 가끔 마련해 자신감과 자기 표현력을 얻게 해 주는 것도 좋습니다. 그리고 자신이 놀고 싶은 다양한 수준의 아이들과 함께 어울릴 수 있는 기회를 주는 것도 좋은 해결책이 될 수 있습니다.

---

1) "선택적 함구증인 아이가 있었어요"

한 아이가 엄마 손에 이끌려 상담실로 들어옵니다.

윤호(가명)는 엄마가 나가고 단 둘이 있게 되자 잔뜩 움츠린 채 바닥만 응시했는데요. 인사를 건네고 이름을 묻자 고개를 들어 쳐다봅니다. 대답이 나올까 기다렸지만 윤호는 끝내 말을 하지 못하고 다시 아래를 쳐다봤어요. 그 이후에도 2, 3가지 질문이 더 이어졌지만 역시나 대답은 듣지 못했습니다.

그냥 낯가림과는 달랐습니다.

아이는 의사 표현을 하고 싶어도 그게 어려운 듯 불안해 보였습니다. 집에서 말할 때와는 정반대의 모습에 어머니는 당황하며 답답해하셨습니다. 이렇게 말할 능력이 충분함에도 특정인 외에 일반적 상황이나 사람에게는 말하는 것이 어려운 것을 '선택적 함구증'이라고 합니다.

지금은 오은영 박사님 덕분에 많은 분들에게 어느 정도 익숙해진 이 증상은 제가 아이를 처음 만났을 때만 해도 학부모님에게는 매우 생소했습니다. 그저 낯을 심하게 가리는 성격, 시간이 지나 자라면서 자연스럽게 사라질 것이라 여기는 분들이 많았습니다.

그러나 선택적 함구증은 절대 가볍게 여겨서는 안 됩니다.

아이는 자라면서 많은 시간을 가족이 아닌 사람들과 지내게 되고 그 과정이 아이의 사회성에 많은 영향을 주기 때문입니다.

어머님을 통해 들은 아이의 학교 생활 역시 예상한 대로 쉽지 않았습니다. 함께 소리 내어 책을 읽을 때, 선생님의 질문이나 친구들이 먼저 다가와도 쉽게 입은 열리지 않았습니다. 등교부터 하교시간까지 꽤나 긴 시간 동안 한마디도 하지 않고 집으로 돌아오는 날의 반복이었습니다. 당연히 학교 생활이 즐거울 리 없었습니다.

기다림과 두드림.

아이와 개인 수업을 시작했습니다.

닫힌 아이 입과 마음을 여는 것은 결코 쉽지 않았습니다.

누구보다 끈끈한 라포(Rapport: 상담이나 교육에서 상대방과 형성되는 친밀감 또는 신뢰 관계) 형성이 중요했고 아이의 마음이 편안해질 때까지 아이의 속도에 맞췄습니다.

진심으로 꾸준하게 두드리면 반드시 변화는 온다는 믿음으로 아이의 대답이 들리지 않아도 하고 싶은 활동에 함께 집중하고 아이의 작은 변화를 캐치하며 소통해 갔습니다. 아이가 조금이라도 표현하고자 하면 스스로 답할 수 있을 때까지 충분히 기다렸습니다.

그렇게 진심 어린 칭찬과 관심, 꾸준한 만남이 이어지자 아이는 그림과 손짓, 고갯짓으로 표현하던 것들을 말로 표현하기 시작했습니다. 그리고 속삭이듯 작은 소리로 시작한 말하기는 곧 힘찬 육성으로 들리기 시작했습니다.

친구들과 함께!

저와의 소통에 무리가 없어지자 이제는 그룹 수업으로 옮겨 또래 친구들과 함께 수업을 시작했습니다. 친구들과 함께 하는 협업 활동을 늘렸고 서로의 생각을 들어보는 토의, 토론도 자주 했습니다. 그렇게 아이가 친구들 사이에서 성취감을 느낄 수 있도록 작은 도전이나 생각을 말할 때는 과감한 리액션과 칭찬을 아끼지 않았습니다.

집에서도 이어져야 해요!

말이 트이긴 했지만 아이는 객관적인 일에 대한 대답은 자유로운 데 비해 주관적인 생각이 필요한 말에는 고민이 길고 답하기 어려워했습니다. 일주일 1회 수업 말고도 집에서 함께하는 훈련이 필요했습니다.

두드림 솔루션

엄마와 함께하는 대화 과제 2가지를 내주었습니다.

1. 함께 책 읽고 대화 나누기

잠들기 전 함께 책을 읽고 다음 이어질 내용을 서로 맞추거나 주인공의 마음에 대해 대화를 나누도록 했습니다.

2. 감정을 주제로 대화 나누기

하루에 한 번 감정 카드를 이용해 그날의 기분을 나타내는 감정 카드를 골라 있었던 일을 나누도록 했습니다.

그렇게 2년을 꾸준히 함께했고 새 학기가 시작되고 한 달쯤 지났을 무렵 아이의 엄마에게서 한 통의 전화가 왔습니다.

아이가 학교에서 발표도 곧잘 하고 더 이상 선생님, 친구들의 물음에 입을 다무는 일이 없어졌다는 내용이었습니다. 누군가에게는 평범하고 당연한 학교 생활이 아이와 엄마에게는 기적과도 같은 기쁨의 순간이었습니다. 어머님이 너무 기뻐 학교 선생님과 통화 후 바로 전화했다는 말에 저도 코끝이 찡했던 기억이 납니다.

진심으로 꾸준하게 두드리면 반드시 변화는 옵니다.

2) "일단 한번 해 봐"

볼과 몇 달 전, 정말 목소리가 작고 무언가 질문을 했을 때 혹은 활동을 진행했을 때, 시작은 잘하나 꼭 중간에 "안 할래요, 못 하겠어요."라고 말하기를 중도 포기했던 친구가 원에 등록을 했습니다. 민수(가명)는 발표 트라우마도 있었는데요.

그러다 보니 아이가 쉽게 마음의 문을 못 열고 발표 중간에 울면서 내려온다거나 쉽게 포기하는 경우가 다반사였어요.

포기하기! 원인을 찾자.

기질적으로 주의력이 없고 인내력이 낮아 하던 일을 금방 그만두는 타고난 포기형이 있을 수도 있습니다. 그리고 그동안의 실패의 경험이 많아 무기력함이 학습되어 쉽게 포기하거나 부모님의 지나친 과잉 보호로 아이 스스로 문제를 해결하는 방법을 어려워하는 경우도 있습니다.

스스로 끝까지 도전해 보고 성공하는 경험이 부족해 쉽게 포기하게 되는 것인데요. 포기하는 행동도 하나의 습관처럼 체화될 수 있기에 적절한 지도가 필요합니다. 위의 민수라는 아이는 주의력이 결핍된 기질적인 부분이 아닌 후천적으로 쉽게 포기하는 유형이었습니다.

"도전!! 이거 별거 아니네!!"

이 아이에게는 그동안의 실패했던 경험에 대한 두려움을 없애 주는 것이 무엇보다 필요했습니다.

먼저 도전 정신을 심어 주는 것이 정말 중요하겠다고 생각했는데요. 발표에 대한 부담감을 덜어 주고 지금 활동이 재미있고 가치 있게 느껴질 수 있도록 했습니다. 여러 가지 활동들을 통해 무언가를 성취하는 경험을 쌓으며 "어, 나도 할 줄 아는 사람이었네!", "해 보니 별거 아니네??"라는 마음을 심어 주는 것이 급선무라고 생각했습니다. 쉽게 포기하는 아이는 자신의 능력을 과소 평가하는 일명 자존감이 낮은 아이이기 때문에 자신의 능력치보다 주어진 주제나 과제가 어려워 보인다면 도전조차 하지 않는 경우가 있습니다. 아이에게 난이도가 정말 쉬운 주제로 다가가 도전하게 해 주었습니다. 그리고 아이가 노력을 하는 모습 혹은 스스로 시작을 했을 때 용기를 북돋아 주고 도전 정신에 대한 무한 칭찬을 해 주는 과정을 반복해 주었습니다.

"선생님도 두려울 때가 많았어!"

아이에게 도전에 성공했던 경험이 있었는지 이야기를 통해 되짚어 주며 격려하는 시간도 가졌습니다.

그리고 선생님도 두려운 마음에 도전을 못하고 항상 포기했던 적이 있었는데 용기를 내서 노력해 보니 성공할 수 있었고 결국 스피치 선생님이 되었다는 모델링 훈련도 진행하였습니다.

또한, 아이 스스로의 활동으로 인해 구체적으로 인정받는 경험을 축적시켜 주었고 그로 인해 스스로 성취감을 느끼는 경험이 체화되도록 했는데요. 이런 경험들이 쌓이면서 아이의 자존감이 점점 높아지게 되었고 한 주, 한 주 시간이 지남에 따라 변화되는 모습을 육안으로 확인할 수 있었습니다.

지금은 중간에 포기하는 모습은 온데간데 없이 사라지고 실패할지라도 매사에 도전하는 멋진 아이가 되었답니다.

두드림 솔루션

1. 아이가 무언가를 수행했을 때 칭찬을 아끼지 말아 주세요!

2. 이웃에게 인사를 하거나 친구에게 먼저 인사를 하는 쉬운 미션을 통해 작은 것부터 도전해 보는 연습과 함께 적절한 보상과 칭찬을 통해 성취감을 느끼게 해 주세요

"자신감과 자존감은 경험에 의해 향상됩니다."

3) "점점 폭군이 되어 가는 우리 아이"

초등학교 4학년인 준호(가명)는 폭력적인 행동과 거친 욕설을 자주 사용하며 이미 또래 사이에서 문제아로 낙인 찍힌 아이였습니다. 준호는 어린이집에 다니던 시기부터 마음에 들지 않으면 손에 가지고 있는 걸 집어던진다거나 친구나 선생님에게 버럭버럭 소리를 질러 문제가 되는 경우가 종종 있었는데요. 모든 부모님들의 마음과 같이 준호의 부모님께서도 당연히 아직 어려서 그럴 거야. 크면 좋아지겠지라는 생각으로 아이를 지켜보셨다고 합니다. 하지만 초등학교를 들어가며 준호의 행동은 점점 더 폭력적으로 변하더니 고학년이 되면서는 욕설과 폭력까지 행사하는 아이가 되어 부모님조차도 컨트롤이 어려운 상황이었습니다.

자신의 마음대로 무엇이 안 될 때 어떠한 설명도 없이 거친 말, 또는 과격한 행동을 하는 아이들이 있습니다. 어떤 상황에서도 무조건 거친 표현을 하는 아이를 둔 부모는 혹시나 우리 아이가 친구들이나 선생님 앞에서 공격적인 행동을 할까 봐 늘 걱정이 앞섭니다.

아이들의 공격성 괜찮을까요?

심리적으로 보면 공격성은 에너지입니다.

타고난 기질이 에너지가 강하고, 스트레스로 인해 내재된 분노나 좌절 등의 부정 정서가 큰 경우 아이들은 거칠게 표현하기도 합니다. 누구나 공격적인 에너지를 가지고 있는데, 그러한 에너지를 잘 다스려 긍정적으로 풀어 내면 다른 사람들 앞에서 발표도 하고, 나서서 자기주장도 할 수 있습니다. 이를 심리학적으로는 승화라고 합니다. 그러나 이런 행동이 바르게 수정되지 않고 성장한다면 또래 관계만의 문제가 아니라 올바르지 않은 아이의 표현 방식으로 근본적인 감정이 해소되지 않으며 불안과 같은 부정적 감정은 계속되어 아이의 자존감과 자신감이 떨어지고 결국 아이가 가장 큰 고통을 받게 되는데요, 아이들의 폭력적인 행동 어떻게 해야 할까요?

부정적 감정을 바르게 표현하는 것이 어려워 센터를 찾아왔던 준호의 케이스를 통해 함께 이야기 나눠 보겠습니다.

'아이는 싸우면서 큰다.'는 말이 있습니다.

유아기 또래 관계에서 친구와의 다툼은 빼놓을 수 없는 사회적 기술을 배우는 과정입니다. 장난감을 나누고, 물건을 빌리고 빌려주는 일, 차례를 기다리는 일 등 사회생활을 배우는 과정에서 다툼이 일어나기도 하고, 다툼을 통해 용서, 배려, 양보, 거절과 같은 사회적 기술을 자연스럽게 배워 나갑니다.

그러나 이런 사회적 기술을 배워 가는 과정에서 작은 일에도 참지 못하고 심한 화를 내거나, 폭력적인 행동으로 표현한다면 아이의 잘못된 표현에 숨어 있는 진짜 이유를 헤아리고 올바른 표현 방식을 교육해야 합니다.

준호는 어린이집에 다니던 유아 시기 지시적이고 명령적인 말투, 소리를 지르거나 거친 행동을 통해 문제를 해결하는 방식을 계속 보였습니다. 이때 아이의 환경적인 부분과 정서적인 발달 상태를 점검하고 올바른 표현법을 알려 주어야 하는 타이밍을 놓치면서 점점 표현이 거칠고 난폭해져 갔는데요.

준호는 자신이 느끼는 분화된 감정을 제대로 알지 못하기 때문에 '좋다.', '싫다.' 두 가지 감정으로만 판단하여 싫은 감정은 거친 행동으로 표현했습니다. 또 잘못된 표현 방식인 줄 알지만 다른 방식으로 어떻게 표현해야 하는지 방법을 몰라 거친 행동으로 표현하는 것이 습관화되어 버렸습니다. 즉, 성장 과정에서 배워야할 사회적 기술을 제대로 배우지 못했습니다. 또한 거친 표현으로 인한 부모의 꾸중과 학교나 외부에서의 문제아로 낙인 찍히는 등의 상황으로 아이의 스트레스는 더 강해져 악순환이 계속되었습니다.

이렇게 준호처럼 자신의 부정적 감정을 폭력적이고 공격적인 행동으로 표현하는 아이를 위해서는 아이를 둘러싸고 있는 환경을 점검하는 일부터 시작해야 합니다.

준호 부모님의 양육 방식과 주변 친구들의 행동, 폭력적인 게임이나 동영상에 노출되어 있지 않은지 상담을 통해 점검을 했을 때 부모님의 권위적인 양육 태도가 준호의 공격성을 더욱 심화시키고 있는 것을 알 수 있었습니다. 다행히 아이를 위한 부모님의 의지가 강하셨고 많은 노력을 함께 기울여 주셨는데요. 평소에 아이의 말을 끝까지 들어주면서 경청하는 태도를 유지하며 준호가 타인과 의사소통을 하면서 자신의 의견을 표현하는 법을 배울 수 있도록 함께 노력해 주셨습니다.

그리고 센터에서 감정 코칭 수업을 통해 다양한 감정을 배우고, 바르게 표현하는 방법을 하나씩 알려 주며 준호가 자신의 감정이나 상황에 대해서 잘 표현할 수 있도록 지도하였습니다.

이때 감정을 바르게 표현하는 첫 단계는 내가 느낀 감정을 정확하게 알아차리는 것입니다. 우리가 느끼는 감정은 정말 많은 단어로 표현할 수 있으며 단순히 좋고 나쁨으로 표현할 수도 있지만 그보다 훨씬 세세하게 표현할 수 있습니다. 이처럼 다양한 감정 단어를 선별하여 만든 것이 바로 감정 카드인데요!

감정 카드를 활용하여 대화를 나누는 것만으로도 좀 더 깊은 속 대화를 나눌 수 있고 서로의 마음을 이해하고 공감할 수 있습니다.

감정 카드를 활용한 수업을 통해 준호의 마음을 들여다보고 감정 카드 활용한 다음과 같은 다양한 감정 수업이 진행되었습니다.

(1) 어떤 마음일까?

어떤 특정 순간이나 상황을 떠올려 보고 그때의 감정을 표현할 수 있는 단어를 골라 구체적으로 설명해 봅니다. 이때 감정 카드는 자신의 마음을 끄집어내고 표현하는 걸 도와주는 도구가 됩니다.

(2) 타인의 마음 공감하기

감정 카드는 자신의 마음을 표현하는 도구이자 공감 능력을 기르는 도구가 되어 줍니다.

아이가 일상 속에서 접하는 다양한 상황에서 내가 아닌 상대방이 느꼈을 감정을 찾아보고 상대방의 입장을 생각해 보는 건데요, 타인의 마음을 생각하는 대화를 통해 이해와 공감 능력을 높일 수 있습니다.

(3) 감정 단어 설명하기

단지 대화로 끝나는 것이 아니라 아이가 직접 감정 단어를 골라 적합한 상황을 예로 들어 설명해 봅니다. '화남.'이란 단어를 골랐다면 아이가 최근 화가 났던 순간을 떠올려 보고 그 상황을 예로 들어 설명해 봅니다. 아이의 말을 잘 듣고, 그 표현을 조금 더 확장하여 이야기해 주거나, 감정 단어 카드를 활용하여 아이와 표현할 수 있는 단어의 레퍼토리를 늘려 봅니다. 감정 단어는 기쁜, 슬픈, 두려운, 무서운 등의 기본 정서부터 시작하여 아이가 일상에서 느낄 수 있는 감정으로 보다 늘려 나갑니다.

키즈스피치 원장들의 수다

1. 아이의 마음 읽어 주기

아이 행동에 나타나는 감정이 무엇일지 생각해 보고 "서운했구나.", "속 상했구나."와 같이 아이의 마음을 먼저 이해하면 아이는 자신의 감정을 수용하고 부정적인 행동이 잠재워질 수 있습니다.

2. 자신의 행동 돌아보기

아이가 잘못된 표현 방식으로 떼를 부린다면 흥분되고 불안한 아이의 마음을 먼저 안정시켜 주세요. 그 후 차분히 아이에게 행동 대신 "○○는 지금 친구가 네 장난감을 가져가서 화가 났구나. 그래서 그렇게 소리를 지르는구나." 등으로 감정을 읽어 주면서 아이가 자연스럽게 자신의 행동을 돌아보도록 이야기해 줍니다.

3. 감정을 말로 표현하기

감정을 표현할 때 말을 통한 방법이 가장 효과적입니다. 아이가 느낀 감정을 바르게 말로 표현하고 의사를 전달할 수 있도록 연습이 필요합니다. 이때 다양한 상황을 설정하고 아이와 직접 그 상황을 시뮬레이션해 보는 방법을 추천합니다. 그래서 비슷한 감정을 느끼는 순간이 생겼을 때 아이가 어떻게 대처하고 말을 통해 표현해야 하는지 연습하는 것입니다. 그리고 아이가 자신의 감정을 말로 바르게 표현하게 될 때, 아이의 표현을 적극 격려해 줍니다.

"○○이가 그렇게 말해 주니까 엄마가 네 마음을 더 잘 알 수 있게 되었어. 엄마랑 함께 앞으로도 더 노력해 보자."

키즈스피치 원장들의 수다

4) "눈치, 많아도 문제 없어도 문제!"

책 읽는 것을 좋아하고 알고 있는 것을 설명하는 것이 재미있다는 예빈(가명)이는 또래 친구들에 비해 많은 정보를 알고 있어 수업 시간에 모르는 것이 없을 정도였습니다.

척척박사 같은 예빈이의 말에 친구들도 처음에는 귀를 기울이지만 너무 자세한 설명과 끝없는 정보 전달은 친구들의 집중력을 떨어뜨렸습니다. 그리고 다른 친구가 상반된 의견이나 생각을 제시할 경우에는 직설적인 화법과 공격적인 말투로 분위기를 차갑게 만들기도 했는데요. 나와 다른 생각을 받아들이고 이해하기보다 더 정확한 정보나 지식을 가지고 반박하는 것이 대화하는 방법이라고 생각하고 있었습니다.

상대의 반응을 눈치채지 못하고 일방적인 소통을 하면서 친구들의 반응에 상처받고 그러면서 더욱 또래 관계에서의 소통을 어려워하게 되었던 것 같아요.

우리는 자존감이 낮을수록 타인의 반응에 민감하게 반응하고 소극적인 태도를 보인다고 생각하는데요. 반대로 낮은 자존감을 들키지 않기 위해 더욱 강하게 상대의 어떤 반응에도 나는 상관없다는 듯한 태도를 보이는 경우도 있습니다.

상처받은 자존감이 공격성으로!

상대의 반응을 민첩하게 인지하지 못해 부정적인 평가와 공격적인 피드백을 받아 오면서 자존감에 상처를 받게 됩니다.

상처받은 마음을 어떻게 표현할지 몰라 괜찮은 척하며 나 스스로를 위로하는 방법을 선택하는 경우인데요. 예빈이도 조금은 날카로운 듯한 말투를 사용하며 나의 상처받은 마음을 숨겨 왔지만 마음속으로는 누구보다 친구들과 웃으며 즐겁게 이야기하는 방법을 알고 싶어 했습니다.

다른 사람의 반응을 눈치 있게 파악하고 반응하려면 어떻게 해야 할까요?

상대방의 마음은 항상 나와 같을 수 없습니다. 그렇기 때문에 상대의 입장을 미루어 짐작해 보고 생각해 보는 연습이 필요한데요.

이때 우리는 '나라면 어떨까?'라는 생각을 하며 상대방의 마음을 짐작해 볼 수 있습니다.

그 어느 때보다 또래 관계에서의 소통이 중요한 시기. 우리 아이들의 사회성 발달을 위해 눈치! 공감은 꼭 필요한데요.

이런 공감하기는 가족과 친구들과의 일상적인 소통뿐만 아니라 다양한 사회적 문제를 이해하고 생각하는 데도 중요한 역할을 합니다.

가장 먼저 연습한 부분은 '동글동글 말하기' 였습니다.

나에게 상처를 주는 상대의 반응이 어쩌면 나의 말투가 원인일 수도 있다는 것을 이해하는 것이 중요한데요. 나는 그런 의도가 아니었다 할지라도 상대가 그렇게 느꼈다면 오해를 받지 않을 수 있는 부드러운 말하기를 연습해 보는 것이었습니다.

가족과 친한 친구들과의 대화에서는 문제가 되지 않았던 소통들이 학교나 학원 등 다른 그룹에서 어려워졌다면 내가 먼저 변화하면서 바꿀 수 있는 상황이기 때문입니다.

분위기를 읽지 못하고 다소 엉뚱한 말을 하는 아이가 이해되지 않는다고 생각하고 혼을 내기보다 어떤 말을 하고 싶었던 건지 물어보고 다른 표현 방법을 알려 주는 것이 중요합니다.

우리 아이들은 아직 올바른 표현법이나 전달법을 익혀 가는 과정이라는 것을 꼭 기억해야 하는데요. 어떤 단어를 사용해야 할지. 어떤 위로의 말이나 응원의 말을 해야 할지 아직은 어려운 부분이 많은 만큼 다양한 표현법이나 예시를 들어주며 함께 연습하는 시간이 필요합니다.

 두드림 솔루션

1. 그림이나 동화책 활용하기!

그림 카드나 동화책 삽화를 이용하여 일어나고 있는 상황을 파악하는 연습을 합니다. 그리고 일이 일어난 원인과 결과를 예측해 보는 것도 좋습니다.

2. 부모님과 함께 뉴스 시청하기

크고 작은 사회 문제를 이해하고 직접 경험해 보지 못했지만 경험자들의 목소리와 생생한 현장 상황을 접하며 다양한 감정들을 이해하는데 도움이 되기 때문입니다.

그 안에 있는 다양한 마음들을 이해하면서 나와는 다른 생각을 가지고 있는 친구의 마음을 이해하는 연습을 하는 것입니다. 나는 경험해 본 적 없는 상황이지만 친구의 마음을 공감하고 위로해 주고 싶다는 생각이 든다면 이미 긍정적인 공감으로 모든 친구들이 친해지고 싶은 친구가 될 수 있을 것입니다.

5) "아이 마음을 모르겠어요"

진겸(가명)이는 간단한 질문에도 대답하는 것을 어려워했습니다. 조금씩 자기 고집이 생기기 시작하면서 진겸이는 어느 순간부터 물음에 대답이 "몰라.", "그냥…."이 대부분이었는데요. 어머님은 가족 중 누구도 엄하게 교육하지도 않았고 큰 사건이 있었던 것도 아닌데 뭐가 좋냐는 질문에도 이것도 저것도 그저 괜찮다고만 말하는 모습이 걱정이라고 하셨습니다.

기분이 안 좋은 듯 표정이 어두워서도 왜 그런지 물어보면 모르겠다고 해 버리고는 입을 닫아버려 속상한 마음에 아이에게 화를 낸 적도 있다고 하셨는데요. 말을 하지 않으면 도와줄 수 없으니 혹여나 학교에서 친구들 관계에서도 이렇게 마음을 표현하지 못하고 소외되지는 않을까…. 혼자 힘든 일이 생기지는 않을까 걱정이 되어 학원을 찾아오셨습니다.

"왜냐하면…."

나의 감정이나 의사를 표현하는 데 있어 가장 중요한 부분은 바로 '왜?' 입니다.

표현에 서툰 아이들의 경우 질문에 대한 대답으로 "그냥요.", "몰라요." 를 가장 많이 사용하는데요. 이런 경우 우리는 장난으로 느끼거나 열심히 하지 않고 대충 하는 대답이라고 오해하는 경우가 많습니다.

하지만 머릿속에 떠오르는 기억이나 생각을 어떤 단어를 사용해서 어떤 말로 표현해야 할지 어려워하며 솔직하게 대답하는 경우가 있다는 것을 꼭 기억해야 합니다. 어른들도 "나 기분이 왜 이런지 모르겠네…."라고 말하는 경우가 있으니까요.

다양한 감정의 이유.

사람이 느끼는 감정은 1차 감정과 2차 감정으로 구분된다고 합니다. 기쁨, 놀람, 두려움과 같이 생존을 위해 위험으로부터 자신을 지키려는 감정인 1차 감정과 긍지, 보람, 죄책감 등 경험과 학습의 기억으로 나에게 느껴지는 2차 감정으로 구분됩니다.

비가 오는 날 누군가는 떨어지는 빗소리가 듣기 좋다고 느끼며 캠핑이나 드라이브를 즐기지만 누군가는 이유 없이 우울하고 쓸쓸한 감정이 드는 이유는 2차 감정의 차이 때문인데요. 이렇듯 어떤 상황에서 내가 느끼는 감정은 다양한 이유의 결과입니다.

아직 감정을 파악하고 이해하는 것이 서툰 아이들의 경우 더욱 나의 마음이 어떤지 표현하는 것이 어려운 것은 당연합니다. 그렇다고 모든 아이들이 자신의 마음을 이해하고 표현하는 것을 어려워하는 것은 아닌데요. 유독 마음이 어떤지 표현하는 것은 어려워하는 이유는 무엇일까요? 나의 마음을 솔직히 이야기해도 괜찮은 건지 확신이 들지 않아서일 수도 있습니다.

솔직해도 되나요?

같은 날씨와 상황에서도 사람들은 서로 다른 감정을 느낄 수 있고 그것이 2차 감정의 차이라고 했습니다. 그렇다면 부모와 아이의 2차 감정이 다를 경우 어떨까요?

엄마는 너무 설레고 신나는 상황이 아이에게는 두렵고 긴장되는 느낌이 드는 상황일 수 있습니다. 이럴 때 우리는 나와 다른 감정을 이해하지 못하는 경우가 생깁니다. 간혹 왜 그렇게 느끼냐며 쓴소리를 하는 경우도 있는데요. 감정에 대한 이유를 물어보고 잘 설명하길 바라지만 아이들은 감정 표현하기를 연습하기에 앞서 부담을 느끼는 것입니다.

이런 경험들을 겪으며 아이들은 감정을 솔직히 표현하는 것이 잘못된 행동이라고 오해하고 표현하기를 주저하게 되는 경우가 생기게 되기도 하는데요. 그 어떤 감정에도 정답과 오답이 있을 수 없는 만큼 감정을 설명하고 설득해야 한다고 생각하거나 다른 감정은 숨겨야 한다고 생각하지 않도록 함께 연습하는 것이 중요합니다. 자신의 감정을 솔직하게 이해하고 표현하는 것이야 말로 나 자신을 사랑하는 '자존감'의 시작이기 때문입니다.

1. 감정 단어 이해하기

예를 들어 1등을 하지 못하는 상황에서 '화가 났다.'를 자세하게 들여다 보면 열심히 했는데 1등을 하지 못해 '속상하다.', 매번 친구가 1등을 하는 것이 '질투가 난다.', 내가 잘하는 것으로 대결을 못 하는 것이 '억울하다.'로 표현할 수 있습니다.

이렇듯 내가 느끼는 감정은 다양한 단어를 활용하여 자세하게 표현하고 전달할 수 있는데요. 이렇게 단어의 뜻을 이해하고 활용하면서 나의 감정의 이유를 찾아보는 연습을 함께할 수 있기 때문에 내 마음의 변화를 인지하고 이해하는 데 큰 도움이 될 수 있습니다.

2. 감정 일기 쓰기

하루에 하나씩 기억에 남는 일을 기록하고 감정 단어를 활용해 기록해 보거나 책을 읽으면서 등장인물의 감정을 나타낼 수 있는 감정 단어를 찾아보는 활동을 통해 자연스럽게 단어를 익혀 가는 것이 도움이 될 수 있습니다.

단어를 쓰고 읽는 것이 어려운 연령대라면 색이나 모양으로 감정을 표현하는 연습부터 시작해 보세요.

어떤 아이들은 기쁜 마음을 밤하늘에 폭죽으로, 어떤 아이들은 외로운 마음을 친구들 사이에서 혼자 서 있는 모습으로 그리며 자신의 마음을 들려준답니다.

6) "의자에 5분 이상 앉아 있기 힘들어요"

시후(가명)를 처음 만났을 때 어머니께서 아이가 말을 늦게 시작해서 오랜 기간 동안 언어 치료를 받았다고 하셨어요.

언어 치료 효과를 어느 정도 보고, 이제는 아이가 1:1 수업이 아닌 또래와 함께하는 수업을 해 보고 싶어서 센터에 방문을 하셨습니다. 제가 만난 시후는 전체적으로 언어 발달이 지연된 친구가 맞았지만 그것보다 더 크게 걱정되는 부분이 있었어요! 바로 '집중력'의 문제였습니다.

집중하는 시간이 5분도 채 되지 않아서 자리에서 일어나기 일수였고, 글씨 쓰는 걸 너무 힘들어하며, 질문과 상관없는 답을 할 때도 많았는데요. 우리가 흔히 생각하는 '산만한 아이'의 대표적인 모습들을 보였습니다.

수업을 하다 보면 집중을 못 하고, 산만한 아이들을 참 많이 만납니다. 산만한 아이들 중에는 자신감이 없고 주눅이 들어 있는 친구들이 꽤 많은데요, 다른 학원에서 이미 주의를 많이 받아서 아이 스스로도 '나는 늘 혼나는 학생'이라고 인식하기 때문입니다. 그래서 산만한 아이의 경우 아이의 자존감을 키워 주기 위한 여러 방법으로 수업을 진행하고 있습니다.

먼저 산만한 아이들의 공통적인 특징을 살펴볼까요? 우리 아이가 해당되는 부분이 있나 한 번 체크해 보아도 좋을 것 같아요!

1. 집중하는 시간이 다른 친구들에 비해 짧다.
2. 주제와 상관없는 이야기를 한다.
3. 질문에 맞지 않는 답을 할 때가 있다.
4. 수업 내용보다 주변에 보이는 사람, 사물에 더 큰 관심을 갖는다.
5. 기본적인 생활 습관을 터득하지 못한 경우가 있다.
6. 글을 읽고, 쓰는 것을 무척 힘들어 한다.
7. 관심사가 계속 바뀐다.
8. 말을 아주 빠르게 하거나 말하는 도중 멈칫하는 습관이 있다.

이런 친구들의 경우 사실 가르치는 사람의 입장에서는 참 어렵고, 힘들어요. 왜냐하면 아이가 스피치 수업에 계속 흥미를 느낄 수 있도록 수업하면서 동시에 행동을 조절할 수 있도록 지도해야 하기 때문입니다. 아이가 흥미를 잃으면 집중력은 더 감소할 수밖에 없구요. 산만한 아이들은 스스로 행동을 조절하고, 자제할 수 있는 힘을 길러 주어야 합니다.

가장 먼저 저와 아이와의 두터운 신뢰를 쌓기 위해 노력했어요!

이런 아이들은 수업, 공부 등의 단어 자체에 부담을 느끼기 경우가 많기 때문에 가르치는 선생님을 좋아할 수 있도록 만들어야 합니다. 그러면 선생님과 함께하는 수업은 재밌는 시간이라고 인식하게 됩니다. 그리고 아이가 하는 농담, 장난을 무시하지 않고 받아 주면서 '어? 여기는 혼나는 곳이 아니네?'라고 생각하며 편안한 마음을 갖도록 유도했습니다. 단, 친구에게 피해가 되는 행동을 할 때에는 단호하고 확실한 말투로 왜 그런 행동을 하면 안 되는지 설명하고 **아이와 선생님만의 특별한 규칙을 만들었어요.**

"선생님은 시후를 너무 아끼고, 좋아해. 그래서 선생님은 시후가 어디서든 잘 적응하고, 칭찬받는 아이가 되었으면 좋겠어. 그러기 위해서는 시후도 선생님과 함께 규칙을 지키도록 노력해 보자!"라고 설명해 주며 아이가 지켜야 하는 규칙이 마치 재미있는 활동처럼 인식할 수 있도록 했습니다.

역할을 주는 것도 무척 좋은 방법입니다.

시후에게 연필 지킴이 담당, 지우개 지킴이 담당, 다른 친구 발표할 때 경청하기 담당 등등 역할을 정해 주고, 그 역할을 해냈을 때 무한한 칭찬을 해 주며 아이가 수업에 적극적으로 참여할 수 있도록 유도한 것이죠.

마지막으로 아이를 혼내지 않고, 강압적인 태도로 대하지 않도록 노력했습니다.

이 아이는 이미 다른 곳에서도 많은 지적을 받았을 거예요. 아이가 잘못했을 때는 정확하고, 단호한 말투로 문제 행동을 그만할 수 있도록 지도하고, 왜 그런 행동과 말을 하면 안 되는지 스스로 이해할 수 있도록 충분히 설명을 해 주었습니다. 특히 잘못된 행동이 다른 친구들에게 피해가 될 수 있다는 점을 알려 주었어요. 잘못한 것은 잘못했다고 확실하게 인지할 수 있도록 돕고, 반면에 잘한 것은 세상 누구보다도 잘한 것처럼 칭찬을 아끼지 않았죠!

처음에는 "언제 끝나요?", "또 글씨 써요?", "색종이 접기 할래요." 와 같이 말하며 수업을 너무 힘들어했던 시후에게 일정 기간 이후 긍정적인 변화가 나타났습니다! "제가 먼저 해도 돼요?", "여기에 쓰면 돼요?", "와! 집중 시간 지켰다! 달란트 더 주세요!" 수업을 즐기기 시작하고, 적극적인 태도로 조금씩 바뀌게 되었습니다. 지금은 "발표하는 게 떨리긴 하는데 전보다는 재밌어요."라고 말하며 저에게 큰 감동을 주기도 합니다.

두 번째 케이스도 이야기해 보겠습니다.

수인이(가명) 같은 경우는 초등학교 고학년 때 만난 아이인데, 겉으로만 봤을 때는 전혀 산만한 아이라고 느껴지지 않았어요. 그런데 수업을 시작하면 평소 모습에서 180도 바뀌더라구요. 수업을 시작하자마자 아주 사소한 것까지 폭발적으로 질문하기 시작했어요! "선생님 얘는 무슨 초등학교예요? 왜 책이 파란색이에요? 왜 번호가 11번이에요? 차들이 왜 지금 시간에 막혀요?" 등등 수업 내용과 전혀 관련 없는 이야기를 쏟아 냈습니다. 그리고 친구들의 작은 반응 하나하나에도 매우 민감하게 반응하며 선생님에게 도움을 요청하곤 했어요.

"선생님 쟤 왜 웃어요? 저 보고 웃은 거 맞죠?"

"선생님 쟤가 자꾸 쳐다봐서 못 하겠어요. 어떻게 해요." 등등 불안해하는 모습을 보일 때가 많았습니다.

이런 경우도 산만한 아이의 범주에 포함된다고 생각합니다. 앞서 본 친구는 행동이 산만한 경우라면 이 친구 같은 경우는 생각과 언어가 산만하다고 볼 수 있는데요. 수업과 관련 없는 내용을 생각할 수는 있지만 혼자 생각하는 것과 그것을 꼭 표현해야만 하는 것은 다릅니다. 상황을 파악하고 이해하는 힘과 하고 싶은 말을 조절하는 힘이 약한 아이라고 느껴졌습니다.

왜 이런 모습을 보일까 고민해 본 결과 수인이는 새로운 환경에 대한 불안감이 높았기 때문이라는 결론에 도착했습니다. 낯선 공간, 사람들에 적응하기 위해 끊임없는 질문을 통해 내가 안전하다는 것을 확인을 받아야 했던 것입니다.

낯선 환경에 적응하는 힘을 길러 주고, 부정적인 상황과 감정을 극복하는 방법을 알려 주는 방향으로 지도했습니다.

먼저 친구의 행동에 예민하게 반응할 때는 그 친구의 생각을 확인시켜 줬어요. 즉각적으로 반응해서 스스로 갖고 있던 오해를 풀고 친구에게 마음을 열 수 있도록 진행했습니다.

질문에 대한 약속을 몇 가지 정했어요.

'10분 질문 쉬기 약속.', '꼭 질문하고 싶은 것 10가지만 정해 보기.', '시간 안에 원하는 질문 마무리해 보기.' 등등 시간과 횟수에 제약을 두는 것이 효과적이었어요. 처음에는 몇 십 개의 질문이 폭발적으로 생각났다가 일정 시간이 지나니 다시 잊어버리고, 수업에 좀 더 집중할 수 있게 되었습니다.

모든 아이들에게 통하는 칭찬의 마법!

우리 친구가 잘한 것이 무엇인지 구체적으로 알려 주며 스스로 어떤 부분을 잘했구나를 느끼고 성취감을 얻을 수 있도록 지도했습니다.

두드림 솔루션

1. 산만한 아이들은 불안감이 높은 경우가 많습니다

불안한 이유가 저마다 다르기 때문에 원인을 빠르게 파악하고 아이의 마음을 알아주는 것이 중요합니다.

아이에게 충분히 본인의 이야기를 할 수 있는 시간을 주세요! 그리고 이야기를 끝까지 마칠 수 있도록 기다려 주세요. 조금 답답하더라도 말을 중간에 끊지 않고, 아이가 자기만의 언어로 모두 표현할 수 있도록 도와주세요!

2. 다그치거나 혼내지 말아 주세요

혼내는 방법으로는 아이의 근본적인 문제를 해결하기 어렵습니다. 산만한 아이들 대부분은 본인의 문제를 어느 정도 인식하고 있을 거예요. "네가 잘못한 거야! 이렇게 하지 마!"보다 "이렇게 행동한 게 잘못한 것을 알고 있니? 안 하려면 어떻게 해야 할까?" 등 스스로 이해하고, 목표 행동을 설정할 수 있도록 도와주셔야 해요!

3. '산만한 아이' 대신 '호기심이 많은 아이'로 인식을 바꿔 주세요

산만하다는 단어는 부정적인 의미가 강한 반면 호기심이 많은 아이는 긍정적인 의미가 포함됩니다. 아이의 문제 행동을 바꾸려면 긍정적인 태도가 필요합니다.

1) "우리 아이는 늘 5살"

초등학교 1학년 1학기를 마치고 찾아온 친구가 있었습니다. 센터 문을 열고 들어올 때부터 엄마 뒤에 숨어서 눈치만 보고 있었죠. 아이가 입을 열자마자 어떤 고민으로 방문 주셨는지 알 수 있었어요! 아영이(가명)는 아직 5살에 머물러 있는 것 같은, 소위 말해 '엥엥'거리는 목소리와 어설픈 발음으로 자신의 이야기를 들려주었습니다. 그리고 명쾌하게 자신의 생각을 전달할 줄 몰랐어요.

엄마는 걱정이 많았어요. 학교에서 친구들이 너 애기냐? 고 놀리고, 놀이에 끼워 주지 않는다고 하셨어요. 아영이 스스로도 친구에게 '나 기분 나빠. 그렇게 말하지 마.'라고 확실하게 자기 감정을 표현하지 않아 어머니 입장에서도 무척 답답하다고 하셨어요.

'해떠요.', '몰라요.', '어여워요(어려워요.)', '시러시러.'

이렇게 말하는 아이 보신 적 있으신가요? 혀 짧은 소리를 내며 어린아이 같은 목소리로 말하는 아이들이 있습니다.

어릴 때는 귀엽게 들리겠지만 커서도 계속 이런 식으로 말을 한다면 언어 습관을 고칠 수 있도록 도와주어야 합니다. 이런 친구들이 우리 주변에 생각보다 많습니다. 위의 사연처럼 어린아이 같이 말하는 습관을 '아성'(어린아이의 목소리)라고 표현합니다.

이런 케이스의 주된 원인은 가정에서의 소통 방법에 있습니다. 예를 들어, 앞에 소개한 친구의 경우는 어머니께서 연세가 있는 편이셨는데 큰아이가 입시를 앞둔 고3이며 아영이는 늦게 찾아온 귀한 늦둥이라고 하셨습니다. 그래서 아이가 원하는 것을 그때그때 다 들어주고, 아이처럼 말하는 걸 마냥 귀엽게만 생각하셨다고 했습니다. 아영이도 이런 표현에 익숙해졌을 겁니다. 나의 아기 같은 목소리를 가족들이 좋아해 주고, 생각을 대충 표현해도 부모님이 알아듣고 원하는 것을 해 주었을 테니까요.

하지만 또래 친구들은 이런 친구를 어떻게 생각할까요? 학교 친구들 입장에서는 아영이의 행동을 싫어했을 거예요. 나와 다른 친구의 표현법이 어색하고, 낯설다고 느꼈을 것입니다.

그렇다면 '아성' 어떻게 고치면 좋을까요?

가장 먼저 아이에게 왜 아기처럼 말하는 것을 고쳐야 하는지 설명해 주고, 이해를 시켜 주었습니다.

스스로 문제점을 깨우치고, 바꾸기 위해 노력할 수 있도록 이끌어 줘야 하는 것이죠. 이때 '네 잘못이야.'는 인식을 심어 주면 안 됩니다! 더 좋아지기 위해 함께 노력해야 하는 것이라고 설명해 주세요!

아이의 올바른 목소리 길을 찾도록 발성 연습을 진행했어요.

이런 아이들은 대부분 비음(콧소리)을 많이 섞어서 이야기를 합니다. 비음을 빼고, 나의 성대와 배에서 나는 소리를 찾아야 합니다. 그러기 위해서는 복식 호흡을 익히고, 나의 목소리 톤을 가슴이나 배 쪽에서 날 수 있도록 소리를 자꾸 내리는 연습을 해야 합니다.

입을 정확하게 벌리는 연습을 했습니다.

이런 아이들은 대부분 입을 작고 동그랗게 벌리고, 혀를 거의 움직이지 않습니다. 아이가 자꾸 편하게 말하도록 두면 안됩니다. 안 쓰던 입 주위 근육들을 움직이는 올바른 조음 기관 연습이 필요합니다. 그리고 내가 불편하다고 느꼈던 입 모양, 혀 위치, 입술 모양 등이 더 이상 불편하다고 느끼지 않을 때까지 연습해야 해요! 그러기 위해서는 말을 할 때 글자를 모두 천천히, 최대한 또박또박 전달하도록 유도했습니다. 또 내 생각은 반드시 '문장'으로 표현하도록 지도했어요!

학원에서의 수업 외에도 가정에서의 변화가 중요했기 때문에 가족 분들에게도 여러 조언을 아끼지 않았습니다. 제일 중요한 것은 바로 양육자의 태도이기 때문입니다!

우리 아이를 더 이상 아기로 취급하지 않고, 큰 아이로 인정해 주고 성숙한 말투와 어휘를 아이에게 적용해야 합니다.

그렇게 해야 아이의 언어도 달라질 수 있습니다. 아이가 활용할 수 있는 단어 수를 늘려 주고, 범위도 키워 주면서 표현법이 자연스럽게 바뀌도록 도와주어야 합니다.

키즈스피치 원장들의 수다

아이가 스스로 해야 하는 말, 행동 등을 미리 하지 말아야 합니다. 부디 아이가 할 말은 아이가 직접 하게 해 주세요! 아이들은 경험을 통해 배우고, 실수를 통해 성장할 수 있기 때문입니다.

한 가지 더 당부 드리고 싶은 부분은 아이에게 존댓말과 반말의 차이를 확실하게 알려 주셔야 한다는 것입니다.

이런 친구들의 경우 존댓말과 반말의 경계가 모호한 경우가 종종 있습니다. 가족에게 하는 편한 표현이 고착화된 것이라고 할 수 있죠. 아이가 또래에 맞는 대화법을 사용하며 좋은 말하기 습관을 기를 수 있도록 도와주세요!

아영이의 변화를 위해 어머니와 많은 대화를 나누며 양육 태도를 바꾸실 수 있도록 옆에서 도왔습니다. 그리고 아이가 스스로 할 수 있는 범위를 넓혀 주려고 노력했어요! 점점 더 의젓한 모습을 보이던 아영이는 학교에서 친구도 많이 사귀고, '모르겠어요. 도와주세요.'라며 도움을 청하던 시간이 현저하게 줄어들었습니다.

두드림 솔루션

1. 엄마의 말투를 고쳐 주세요!

"우리 애기 이거 해떠~~?", "이거 하고 싶은 거지?", "오오~. 잘해떠, 잘해떠~." 이런 표현은 그만! 엄마께서 먼저 올바르고, 좋은 말투를 본보기로 보여 주셔야 합니다.

2. 함께 단어 공부를 해 주세요

아이가 표현할 수 있는 어휘가 많아야 표현력도 자연스럽게 기를 수 있습니다. 단어만 무조건 외우면 익히기 힘들기 때문에 꼭 어떤 식으로 문장에 적용해야 하는지 보여 주고, 직접 소리 내어 말해 보도록 지도해 주세요.

3. 발성 연습은 쉽고, 재미있게, 꾸준히! '꾸준히 하는 것'

너무 어렵게 설명하면 아이가 지루할 테니 '사자 목소리 내보기.', '아빠 목소리 따라하기.', '스타카토로 읽기.' 등등 아이가 쉽게 따라해 볼 수 있는 방법으로 도와주셔야 합니다.

2) "해th ㅓ요"

사랑이(가명)는 [ㅅ] 발음을 [ㄷ]화 해서 말하고, [ㄹ] 발음이 정확하지 않던 아이였습니다.

심지어 이름이 '사랑'인데, '따앙이', '차랑이' 발음으로 자신의 이름을 소개해서 함께 수업하던 친구가 "너 이름이 뭐라고?"라며 답답함을 표현한 일도 있었다고 하는데요.

발음 교정을 위해 언어 치료 센터를 다니기 시작했는데 그것 만으로 안 되겠다는 생각이 들었는지 어머니께서 여러 프로그램을 알아보시는 중 학원을 찾게 되셨다고 합니다.

정확한 발음으로 말하고 싶다면 조음 기관 운동을 충분하게 하고, 올바른 근육을 사용하는 연습이 필요합니다.

입을 크게 벌리며 각 소리에 어울리는 입모양 연습만 많이 해 주어도 발음에 큰 도움이 됩니다.

[아], [에], [오], [우], [의], [이] 가장 많이 사용하는 모음에 맞게 입을 크게 벌리고, 천천히 하는 것부터 시작해서 점점 속도를 올리며 익숙해질 수 있도록 연습하는 것입니다.

또 책을 소리 내어 읽는 것이 아주 큰 도움이 됩니다. 연습한 내용을 자주 사용하는 문장에 적용하여 읽는 것입니다. 적절한 위치에서 끊어 읽기와 처음 보는 어휘를 자연스럽게 읽는 연습을 반복하면 발음 교정에 도움이 됩니다. 하지만 이런 연습으로도 잘 고쳐지지 않는 특정 발음이 있습니다.

특히 아이들 중에서 [ㅅ]과 [ㄹ] 발음이 안 되는 경우가 많습니다. 특정 발음을 고치기 위해서는 반복 연습이 필요한데요, 꼭 정확하고 체계적인 방법으로 해야 합니다.

어려운 발음은 아이들이 좋아하는 **의성어, 의태어 소리를 흉내를 내며 연습하면 좋습니다.** 예를 들어, [ㅅ] 소리는 이를 앙-하고 다물고, 뱀처럼 '스스스스' 소리를 내 보는 것입니다. 이때 혀가 자꾸 입 밖으로 나오거나 입 안에서 돌아다니지 않을 수 있도록 지도해야 합니다.

[ㄹ] 소리 같은 경우는 오토바이 소리를 입으로 내 보자고 지도했습니다. '부릉부릉 부르르르릉' 소리 내기, 혀를 안으로 말면서 울리는 '아르르르르' 소리 내기 등을 연습했어요. 아이들이 낼 수 있는 소리를 경험해 본 범위 내에서 할 수 있도록 신경 썼습니다.

어느 정도 혀의 위치와 입술 모양을 아이가 인지했다면 **짧은 단어나 말**

로 **연습합니다.** 특히 대화체를 연습하면 좋습니다. 한글을 자꾸 읽게 하면 아이가 부담을 느끼고, 금방 싫증을 낼 수 있기 때문입니다. 올바른 소리를 들려주고, 따라할 수 있도록 합니다.

마지막으로 각 발음이 많이 포함된 문장 연습을 합니다.

'사슴이 숲속을 살금살금 걸어간다.', '일요일에 노란색 로봇으로 놀았다.' 등등 짧은 여러 문장을 반복하며 각 자음이 어느 위치에서 어떤 소리가 나는지 익히는 것이 중요합니다.

사랑이는 아직도 함께 열심히 연습 중인데요. 발음은 정말 하루아침에 좋아지기 어렵습니다. 그러므로 인내를 가지고 꾸준히 연습하는 것만이 아이가 변화할 수 있는 지름길입니다!

두드림 솔루션

1. 아이에게 발음으로 스트레스를 주지 마세요

"어? 뭐라고? 똑바로 말해 봐."라며 아이의 발음을 자꾸 지적하는 말은 아이에게 상처가 됩니다. 그 상처가 깊어지면 어느 순간 말할 때 두려움이 생길 수 있습니다. 그러면 입을 닫게 되고, 교정할 수 있는 시기를 놓칠지도 모릅니다.

2. 연습은 '짧게'라도 '매일매일', '꾸준히' '즐겁게!'

반복되는 발음 연습은 아이들을 금방 지루하게 만듭니다. 하지만 그렇다고 연습을 매일 하지 않으면 발전하기 어렵습니다. 아이가 책임감을 가지고 연습을 할 수 있도록 응원을 해야 합니다. 또 매일 똑같은 내용으로 하지 말고, 조금씩 변화를 주면서 아이가 흥미를 가질 수 있게 진행해 주세요. 아이가 좋아하는 책이나 장난감 등을 활용해서 놀이식으로 연습하는 것도 좋은 방법입니다.

3. 전문 센터를 적극적으로 활용하세요

요즘은 아이들 개개인의 특성과 개성에 맞게 맞춤 수업을 하는 다양한 언어 관련 기관이 있습니다. 기관을 이용하는 것은 절대 부끄러운 게 아닙니다! 우리 아이가 부족해서가 아니라 더 좋아지기 위해서임을 꼭 기억해 주세요.

3) "개미 목소리로 말해요"

한 아이가 엄마와 함께 목소리 고민으로 학원을 찾았습니다.

한성(가명)이는 나서기도 좋아해서 손을 들고 발표에 자주 참여하는데 소리가 들리지 않았습니다. 선생님은 당황하고 아이들은 어리둥절했습니다. 실제로 아이는 말을 할 때 밖으로 호흡을 뱉지 않고 안으로 먹는 호흡을 가지고 있었고 소리에는 힘이 없어 떨림도 잦았습니다. 힘없이 떨리는 목소리에 호흡까지 안으로 먹으니 소리 전달이 잘될 리가 없었죠.

솔루션은 간단했습니다.

 두드림 솔루션

1. 복식 호흡 익히기!

화면을 보지 않고 채널을 돌리고 있다고 상상해 봅니다.

안정적이고 차분한 아나운서 목소리에 뉴스가 나오고 있다는 걸 알 수 있고 드라마에 나오는 배우의 목소리는 소리의 울림이 참 듣기 좋습니다. 만화 속 캐릭터들의 목소리는 정말 다양하고 쇼호스트들은 목소리에 힘이 넘칩니다.

이 모든 목소리의 비결이 바로 복식 호흡!
복식 호흡은 말 그대로 복부를 이용하는 호흡입니다.

아이는 가슴으로 하는 흉식 호흡이 더 익숙했어요. 그런데 흉식은 호흡이 짧아 강한 소리를 유지하는 데 한계가 있습니다.

먼저 복식 호흡을 익힐 수 있도록 갈비뼈 위에 양 손을 올려 숨을 마실 때 폐가 부푸는 것부터 느끼도록 했어요. 그리고 천천히 마신 호흡을 빵빵하게 유지한 채 천천히 뱉기, 다음은 호흡과 함께 소리를 내며 안정적이고 힘있는 소리를 밖으로 전달하는 연습을 반복했어요. 복식 호흡 연습은 생각보다 체력 소모가 크기 때문에 한 번에 오래 하면 쉽게 지칠 수 있

키즈스피치 원장들의 수다

어 아이가 어느 정도 감을 잡을 수 있을 정도만 하고 다음 단계로 넘어갔습니다.

2. 거리감 느끼기!

상대의 위치에 따라 소리 크기를 달리 하는 것으로 쉽게 접근해 봤어요. 누구나 큰 소리를 낼 수 있는 기본적인 힘은 있기 때문에 아이가 낼 수 있는 최대한의 소리를 끌어내고 싶었죠.

"선생님 안녕하세요."와 같은 말을 바로 앞에 있을 때, 5걸음 멀리 있을 때, 교실 밖에 있을 때, 운동장 끝에 있을 때 등 거리를 달리 해서 소리를 뱉도록 했습니다. 실제로 제가 이동을 하며 선생님이 있는 곳까지 소리가 전달되도록 크기를 조절하라고 했고 힘 있는 소리를 낼 때마다 폭풍 칭찬을 해 주었습니다.

처음에는 큰 소리를 내는 것을 어색해하던 아이가 한 번 소리가 트이고 나자 스스로 자신이 생기더니 점점 더 큰 소리를 뱉기 시작했고 목소리의 떨림도 사라졌습니다.

물론 위 과정들이 한 번에 이루어진 것은 아닙니다. 특히 복식 호흡은 완전히 익혀 습관이 될 때까지 반드시 시간이 필요한 훈련입니다. 그러나 장담합니다. 꾸준하게 복식 호흡을 익힌 아이의 목소리는 아주 큰 강점이 되어 있을 겁니다.

집에서 하는 간단한 복식 호흡

1. 편안하게 누워 배에 책을 올려놓는다.
2. 시선은 책을 보고 마실 때 책이 올라가고 내쉴 때 책이 내려가는 것을 확인하며 연습한다.
3. 매일 10~15회 정도 꾸준히 하기!

키즈스피치 원장들의 수다

4) "그래서 네가 하고 싶은 말이 뭐야?"

지민(가명)이는 학습 인지 능력도 뛰어나고 모든 부분에서 발달이 빠른 편인데 유독 말을 할 때 쓸데없는 말만 늘어놓고 주절주절거리며 말을 두서없이 말 한다는 이야기를 자주 듣는 친구였습니다. 책을 읽는 것도 좋아해 아는 지식이 많은 지민이는 하고자 하는 말은 길지만 핵심이 없는 경우가 많았어요. 그러다 보니 아이의 말이 이해가 안 되는 경우가 많아 주변 친구들이 지민이의 의견을 무시하는 경우도 자주 발생하며 또래 관계에도 문제가 생기고 있는 상황이었습니다.

- 말의 앞뒤가 맞지 않고 생각나는 대로 말하는 아이
- 정작 할 말은 못하고 쓸데없는 말만 늘어 놓는 아이
- 이야기를 시작했는데 마무리를 짓지 못하는 아이
- 공부는 잘하는 것 같은데 말로 설명하는 것을 어려워하는 아이

이런 아이들의 공통점은 논리력이 부족하다는 것입니다.

논리력이란, 말을 할 때 자신의 사고나 추리, 생각을 상황에 맞게 이끌어내는 능력을 말하는데요, 아무리 내가 많은 것을 알고 있더라도 그것을 논리적으로 전달하지 못한다면 아무 소용이 없겠죠.

특히 요즘 초중고 학교 교과 과정이 선생님의 일방적인 설명식의 수업이 아니라 학생 참여 위주의 토의, 토론식 수업 방식으로 강화되면서 단지 공부를 잘하는 것뿐만 아니라 내가 알고 있는 것을 말로 전달할 수 있는 능력이 중요시되면서 논리력 향상을 위해 센터를 찾는 아이들을 자주 만날 수 있습니다.

분명 학습 인지 능력도 좋고 모든 부분에서 발달이 느린 편도 아닌 지민이가 말을 할 때는 왜 두서없이 주절주절 핵심이 없는 말하기를 하는 걸까요?

바로 국어를 잘하는 것과 말을 잘하는 것은 다른 영역이기 때문입니다. 책을 많이 읽어 지식이 풍부하고 아무리 사고력이 뛰어나더라도 생각을 말로 표현하는 것은 다른 영역인데요, 지민의 케이스처럼 아는 것은 많지만 말로 표현하는 언어 영역이 부족한 아이에게는 논리적으로 말하는 스피치 교육이 꼭 필요합니다.

그렇다면, 두서없이 말하는 아이들에게는 어떤 스피치적 접근이 효과적일까요?

'논리적으로 말하기'를 습득하기 위해서는 우선 무엇보다 경청이 필요합니다. 말하기란 일방적으로 내 이야기만을 늘어놓는 것이 아니라 상대와 이야기를 주고받는 과정이기 때문입니다.

즉 '논리적 말하기'는 상황에 맞게 자신의 의사를 정확하게 전달하는 말하기인 만큼 상대의 말을 잘 경청하고 거기에 맞는 말하기를 할 때 논리적 말하기가 시작됩니다. 상대가 말하는 의도와 무엇을 원하는지를 정확하게 파악하고 듣다 보면 결국은 그것이 내가 논리적으로 말하는 탄탄한 근거가 되는 것입니다.

특히 아직 어린아이일수록 친구의 말을 듣기보다는 내 이야기를 하는 것에만 집중하다 보니 또래 커뮤니케이션에서 논리력과 소통 능력이 떨어지는 경우가 많습니다.

또한 실제로 말을 잘하는 아이는 특별한 표현을 쓰거나 남다른 어휘실력을 구사하는 것이 아니라 오히려 쉽고 간결한 표현을 쓰더라도 자신의 생각을 명확하게 전달해 내는 공통점이 있습니다. 이는 같은 내용이라도 어떻게 뼈대를 구성하느냐에 따라 이야기의 전달력은 크게 차이가 나며, 말을 할 때 일정한 구조를 갖춘 튼튼한 설계도가 있어야 흔들리지 않고 말할 수 있습니다. 특히 말은 한 번 입 밖으로 내뱉으면 주워 담을 수 없는 만큼 말을 시작하기 전 내가 하고자 하는 말의 개요를 먼저 짜고 구조화시키는 연습이 필요합니다. 쉽게 말해 내가 하고자 하는 말의 뼈대를 먼저 만들어 놓는 것입니다.

이때 논리적 말하기를 위한 기본 뼈대는 〈햄버거 말하기〉를 통해 쉽게 익힐 수 있는데요, 햄버거를 만드는 원리를 이용하여 아이들도 쉽게 이해할 수 있도록 지도합니다.

빵과 빵 사이에 재료를 넣어 맛있는 햄버거를 만드는 것처럼 나의 생각을 먼저 이야기하고 그렇게 생각한 이유를 말한 후 다시 한번 나의 생각을 이야기함으로써 자신의 생각을 논리적으로 이야기하는 방법입니다.

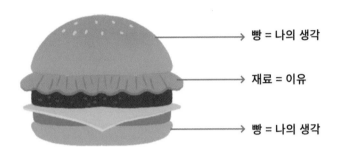

지민이도 '햄버거 말하기'를 통해 아주 즐겁게 말하기의 뼈대를 만들어 생각을 정리하며 말하는 습관을 기를 수 있었는데요, 말의 뼈대를 만들어 이야기하는 습관이 익숙해지면서 주어와 동사를 정확한 어휘로 넣어서 말하는 훈련, 문장과 문장을 연결하는 적절한 접속사를 사용하여 말하는 훈련 등 단계적으로 꾸준한 말 공부를 진행하였습니다.

말하기 훈련이 하루아침에 큰 변화를 보이기는 어렵지만 지민이와 같이 꾸준한 훈련을 통해 바른 말하기 습관을 기른다면 충분히 긍정적인 변화를 기대할 수 있습니다.

또한 지민이의 케이스와 같이 말의 핵심이 없고 두서없이 말하는 아이들도 꾸준한 훈련을 통해 논리적으로 말을 하는 습관을 들인다면 상대방에게 내 의견을 효과적으로 전달할 수 있고 상대방을 설득하고 공감받을 확률이 높아지면서 자존감도 높아질 수 있습니다.

키즈스피치 원장들의 수다

1. 말하기 구조화시키기

나의 주장을 먼저 이야기하고 그렇게 생각한 이유를 말한 후 다시 한번 나의 주장을 이야기함으로써 자신의 생각을 논리적으로 이야기하는 방법 입니다.

2. 생각 지도 그리기

생각하는 속도가 빠르고 생각이 풍부한 아이지만 말의 순서나 논리가 맞지 않는 아이 또는 반대로 주제에 대해 다양한 생각을 하길 어려워하고 주제에 벗어난 이야기를 하는 아이들에게는 마인드맵을 통해 생각 지도 를 그리며 생각을 정리하는 훈련이 효과적입니다.

3. 시간 순서로 말하기

시간의 순서로 상황을 정리해서 말하는 연습을 하면 논리력을 키울 수 있습니다.

이때 쉬운 방법은 꾸준히 일기를 쓰며 자신의 경험을 시간의 순서로 정 리하고 구조화시키는 것입니다. 하루 있었던 일들 중 일기에 담을 소재를 찾고, 그것을 정리하여 주제를 정한 뒤 다양한 에피소드로 설명을 하고 마지막에는 다시 한번 주제로 돌아가 그 일을 통해 느꼈던 점으로 마무리 를 하는 방법입니다.

5) "말에도 마침표를 찍자"

> "몇 살이야??"
> "9살이에…."
> "○○○은 언제 제일 행복해?"
> "어… 저는 생일날에…."
> "환경 오염을 줄이는 방법은 쓰레기를…."

이렇게 문장을 마무리 지어 주는 서술어를 생략하고 끝을 흐려 자신의 생각을 표현하는 아이들이 정말 많이 있습니다.

이런 아이들을 보며 "얘가 도대체 무슨 말을 하려는지 도통 모르겠어요.", "우물쭈물거리고 말을 끝까지 안 해서 답답해 죽겠어요.", "발표할 때 마무리가 안 돼요." 하며 걱정을 하게 되는데요.

전달력이 부족한 말하기.

단순히 대화에서뿐만 아니라 발표를 진행할 때도 글의 핵심은 있지만 문장의 마무리를 짓지 못하고 내려오는 아이들이 많습니다.

우리 아이가 우물쭈물 말하는지, 말의 어미를 흐리는지 평소 말하기 진단을 통해 근본적인 원인을 파악할 수 있고 그에 따른 적절한 해결책을 제시해 줄 수 있습니다.

통상적으로 말끝을 흐리는 아이들은 말을 시켜도 마무리를 못 하기 때문에 아는 것이 많다고 할지라도 상대로 하여금 "아…. 저 아이는 답을 모르고 있구나."라고 오해를 불러일으킬 수 있습니다.

즉, 자신감이 없는 아이, 소심한 아이라는 이미지로 비추어지게 됩니다. 자신감이 없는 친구들, 말의 확신이 없는 친구들이 말끝을 흐리는 경우가 굉장히 많기 때문입니다.

"마침표를 찍자!"

우리말은 끝에 오는 서술어에 따라 말의 내용 자체가 달라질 수 있기 때문에 문장의 음절 끝까지 소리 내어 정확하게 이야기하는 일명 "마침표를 찍는" 습관이 자리 잡히는 것은 정말 중요합니다.

본인이 말하고 있는 내용에 확신이 없을 때, 생각을 마무리하지 않고 말을 시작해 버렸을 때, 불안한 상황일 때 등등 말끝을 흐리는 다양한 이유가 있을 수 있으나 훈련을 통해 불안한 말하기 습관을 쉽게 잡아 줄 수 있습니다.

1. 모델링 훈련

저는 수업을 통해 아이들에게 먼저 말끝을 흐리는 경우를 시뮬레이션해서 보여 주며 왜 이렇게 하면 안 되는지, 어떤 이미지로 보이는지 자각시켜 주는 과정을 진행했었습니다. 아이 스스로 올바른 말하기의 필요성을 인식하게 한 뒤 본인의 생각을 분명하고 정확하게 담아 내도록 연습하였습니다.

2. 처음과 끝의 중요성

마무리에 힘을 실어야 내 주장에도 힘이 실릴 수 있습니다.

여기에 다양한 어미를 사용해 마무리하는 훈련과 함께 문장이 끝날 때까지 큰 목소리로 이야기하며 본인의 목소리를 인식하는 연습을 진행하였습니다.

3. 마지막 한 글자라도 힘을 실어라

내가 뱉는 말에 자신감을 갖고, 확신을 갖고 끝까지 어미에 힘을 실어 마무리 짓는 연습을 수차례 반복하며 내 생각을 정확하게 전달하는 멋진 모습으로 개선시켜 나갈 수 있었습니다.

글쓰기에 마침표가 없으면 마무리가 되지 않고 완성되지 않은 실패작이 되는 것처럼 말하기에 있어서도 마침표가 중요합니다.

마침표가 없으면 청중으로 하여금 신뢰가 형성되지 않고 완벽하지 않은 아이로 보여집니다. 소심한 아이로 비춰지게 되는 것이죠.

내 아이가 누군가에게 무한 신뢰를 주는 멋진 아이로 거듭나기를 원하신다면 반드시 말의 어미를 잡아 주시기 바랍니다.

6) "너는 래퍼가 아니야"

무슨 말인지 알아듣기 힘들 정도로 빨리 말하고, 항상 말끝을 흐리며 끝내는 은지(가명).

말하는 것을 좋아해서 누구와도 쉽게 친해지고 소소한 일상부터 좋아하는 장난감까지 이야기하는 것을 즐거워하는 아이였는데요. 한 번 말을 시작하면 문장이 쉼 없이 이어졌습니다. 하지만 너무 빠른 말하기 속도 때문에 무슨 말을 하고 싶은 건지 정확하게 내용 전달이 안 되는 경우가 많았다고 합니다.

친구들이 "뭐라고 하는 거야?"라고 말했다며 속상해하고, 선생님도 아이에게 되물어 보시는 상황이 계속되었습니다.

어머니께서는 이러다 아이의 스피치에 대한 자신감이나 흥미가 떨어지지는 않을까 하는 걱정으로 스피치 학원을 찾아오셨습니다.

정확한 발음과 간결하고 자신감 있는 어미 처리는 전달력 있는 스피치의 기본입니다. 그러기 위해서는 안정된 말하기 속도가 무엇보다 중요한데요. 아이들뿐 아니라 어른들도 빠른 말하기 속도를 고민하며 변화하기 위해 교육을 받는 경우가 많이 있습니다.

그렇다면 빨리 말하는 이유는 무엇일까요?

대부분의 사람들은 긴장이 되는 상황에서 말하는 속도가 빨라집니다. 많은 사람의 주목을 받는 발표나 자기 소개를 해야 하는 경우 평소 말하는 습관이 그렇지 않은 사람도 빨리 말하는 모습을 보이는데요. 떨리고 긴장되는 상황에서 빨리 벗어나고 싶은 마음에 준비한 말을 서둘러 끝마치고 자리를 떠나고 싶기 때문입니다.

큰 사업체를 운영하는 대표님이나 임원분들도 "한마디 해 주시죠."라는 말이 가장 부담된다고 하시는 걸 보면 주목받는 자리에서의 스피치는 누구에게나 어려운 것 같습니다.

긴장감을 이겨 내고 준비한 내용을 멋지게 전달하기 위해서 무엇을 해야 할까요?

가장 중요한 것은 '호흡하며 끊어 읽기' 입니다.

수업을 함께하는 아이들 중 한 문장을 한숨에 읽는 아이들이 꽤 많은데요. 띄어 읽기. 즉, 소리를 멈추고 다음 글자까지 시간을 두고 말하는 것은 하지만 문장 중간 숨을 들이마시는 끊어 읽기를 하는 시간을 갖지 않는 말하기 습관을 말합니다.

문장 중간 숨을 들이마시지 않다 보니 조금 긴 문장의 경우 숨이 가쁜 느낌이 들고 서둘러 문장을 마무리하기 위해 빨리 말하게 되는 것입니다.

긴장감이 커질수록 호흡은 짧게 빨리 반복되고 들이마시는 숨의 양이 줄어들면서 말하는 속도는 더욱 빨라지게 되는데요. 천천히 말하기를 연습하고도 매번 쏟아 내듯 준비한 내용을 말하고 단상을 내려와 후회하는 일이 반복되는 이유입니다.

무조건 천천히 말하는 것이 아니라 전달할 내용을 반복해서 읽어 보며 자연스럽게 숨을 들이마시는 부분을 찾아보는 연습이 필요합니다. 호흡하는 부분에 집중하며 충분히 숨을 들이마시고 말하는 연습을 하면 어느 순간 안정된 말하기 속도가 유지되는 변화를 느낄 수 있습니다.

띄어 읽기와 띄어쓰기의 차이점.

아직 한글에 익숙하지 않는 아이들은 띄어쓰기와 띄어 읽기를 동일시하는 경우도 있습니다. 의미 전달을 위한 띄어 읽기 부분을 찾는 것은 아나운서를 준비하는 학생들도 어려워하는 만큼 한 문장씩 같이 반복해서 읽어 보며 어떤 내용인지 이해해 보는 연습부터 시작하는 것을 추천합니다. 이런 연습을 통해 자연스럽게 띄어 읽기는 물론 문해력 향상에도 큰 도움을 받을 수 있습니다.

모든 글자를 정확하게!

띄어 읽기와 끊어 읽기에 익숙해졌다면 이제 모든 글자를 정확하게 발음하는 연습에 집중하는 것입니다.

빨리 말하는 습관은 정확한 발음을 위한 시간적 여유가 없어 부정확한 발음에 익숙해진 경우가 많습니다.

'ㅢ'나 'ㅘ' 같은 이중 모음을 정확하게 발음하기 위해 입 모양을 변화시킬 시간, 'ㄹ'과 'ㄴ'처럼 혀끝에 힘을 주거나 움직일 시간이 필요한 발음하기 연습이 필요한 이유입니다.

특히 마스크 착용이 일상이 되면서 정확한 입 모양을 자연스럽게 연습할 수 있는 적기를 놓친 경우가 많습니다.

좋아하는 동화책이나 모든 글자를 알고 있는 익숙한 책 한 부분을 보며 한 글자씩 또박또박 읽는 연습이 도움이 됩니다.

모든 글자에 집중하며 정확한 입 모양과 혀의 위치를 이해하며 발음하는 것입니다.

여기서 잊지 말아야 하는 것은 많은 양을 목표로 연습하는 것은 절대 도움이 안 된다는 것입니다. 단 한 문장이라도 중간에 호흡하는 시간을 충분히 두고 모든 글자를 정확하게 발음하는 것에 집중하는 것이 목표입니다.

두드림 솔루션

1. 표시하며 읽기!

아이와 함께 천천히 말하기를 연습하는 경우 가장 중요한 것은 아이 스스로 변화를 느낄 수 있도록 하는 것입니다.

사실 빨리 말하는 습관을 바꾸는 것은 지루하고 어려운 과정입니다. 이미 정확하게 발음하고 있는 글자, 완벽하지는 않지만 발음과 호흡에서 변화를 보이는 부분에 함께 표시해 보는 것도 도움이 됩니다.

2. 엄마부터 천천히 말해 주세요!

일상생활에서 천천히 말하는 연습을 함께 하고 싶은 경우에는 아이에게 질문을 하거나 대화를 나누는 경우 의도적으로 말하기 속도를 조금 늦춰 보는 것도 도움이 됩니다. 함께 이야기를 나누며 상대의 속도에 맞춰 말하면서 자연스럽게 일상 속 말하기 속도에도 변화를 가져올 수 있답니다.

키즈스피치 원장들의 수다

7) "단답형 대신 서술형으로!"

초등학교 고학년인 민주(가명)는 두서없이 장황한 말하기를 하는 습관이 있었고 때로는 자신의 생각을 하나의 키워드로만 얘기하는 아이이기도 하였습니다.

매번 "문장력이 부족해요.", "글쓰기에 관심이 필요합니다."라는 담임 선생님의 피드백을 받았던 아이였습니다. 어머님께서는 민주가 곧 중학교에 진학하기 때문에 급한 마음으로 원에 찾아오시게 되었습니다.

첫 수업을 시작할 때 위와 같이 앞뒤 내용은 생략하고, 문맥에 맞지 않게, 내가 말하고 싶은 단어만 내뱉는 아이들이 많이 있습니다. 이와 같이 문장력이 필요한 아이들과 내 생각을 조리 있게 표현하지 못하는 논리력 지도가 필요한 아이들이 원생의 80프로 이상이 된다고 해도 과언이 아닌데요. 지금은 수업을 배운 만큼이나 아주 훌륭한 문장 실력을 보여 주고 있습니다.

신조어와 줄임말의 사용!

요즘 아이들의 대화체를 보면 신조어나 줄임말을 사용하는 빈도수가 점점 더 많아짐에 따라 논리 정연하게 소통하는 모습이 어색해졌고 이러한 사태가 더 심각해지고 있다고도 보여집니다.

이렇게 저학년 고학년 할 것 없이 모든 학년의 학부모님께서 이 점을 문제 삼고 원의 문을 두드려 주고 계십니다. "우리 아이 논리 정연하게 말하게 해 주세요~!!"라는 말을 많이 하시는 이유일 텐데요.

논리의 사전적 의미는 말이나 글에서 생각이나 추리 따위를 앞뒤가 들어 맞고 체계가 서게 이끌어 가는 과정입니다.

조리 있게 이야기하는 경우, 상당히 총명해 보이고 그로 인해 신뢰감이 생기기 때문에 후에 수행 평가나 면접에도 많은 영향을 끼치게 됩니다.

이처럼 내가 왜 이 생각을 했는지 앞뒤가 맞게 사고하고 그것을 말로 적절하게 표현해 내는 연습을 하는 것은 참 중요합니다.

문장 구성 연습하기!

아이가 배우고자 하는 의지가 있다면 더 빠른 아웃풋이 나올 수 있는데요. 우선 글의 핵심을 파악하는 연습부터 시작해서 한글 문장 구성에 맞게 내 생각을 글로 쓰고 말하는 연습을 반복 지도하였습니다.

순서화시키기!

자신의 생각이 여러 가지가 있을 때는 순서화를 시켜 두서에 어긋나지 않고 간결하게 표현하도록 지도하였습니다. 이런 과정을 통해 논리적으로 생각을 정리하고 전달하는 방법을 함께 연습했습니다.

키즈스피치 원장들의 수다

1. 말로 뱉기 전에 글부터 적기!

즉흥적으로 말을 논리 있게 잘하려면 우선 글부터 잘 쓰는 연습이 필요합니다. 사람은 글을 쓰면서 자신이 주체가 되어 생각을 정리하게 되는데 그 과정에서 사고력과 관찰 능력이 길러집니다. 그리고 글을 쓴 것을 토대로 사람들 앞에서 하는 발표를 통해 글과 말이 이어지는 과정을 경험할 수 있습니다.

2. 이유를 물어봐 주세요!

이유를 제시해야 하는 주제에 대해 다양하고 폭넓게 사고할 수 있는 기회를 주는 것이 필요합니다. 다양한 근거를 생각해 내는 힘이 곧 서술형 말하기의 시작이기 때문입니다.

전문가가 알려 주는
엄마의 말 공부

1) 독이 되는 칭찬, 약이 되는 칭찬

아이들의 초등학교 입학은 부모는 물론 아이에게 많은 변화를 가져옵니다. 그중 초등학교에 입학하면서 친구들과의 비교와 경쟁이 시작되는 것을 들 수 있는데요. 아이들은 끊임없는 경쟁을 경험하며 선생님과 주변 어른들, 그리고 친구들에게서 자신에 대한 평가를 듣게 됩니다. 그러면서 '내가 제일 빠르지 않구나.', '나보다 잘하는 친구가 있구나.' 현실적으로 자신을 알아가게 되는데요. 이렇게 실패와 성공, 1등과 2등으로 등수가 매겨지면서 실패를 두려워하고 도전을 포기하는 아이들이 늘어나 '자존감'이 주목받게 되었습니다.

자존감이란, 어떤 상황에서도 스스로 문제를 잘 해결할 능력이 있다고 믿는 신념. 나 자신이 충분히 사랑받을 만한 사람이라고 생각하는 마음을 말합니다.
자존감 높은 아이로 키우기 위해 우리들은 '칭찬'이 도움이 된다는 것을 알게 되었습니다. 그리고 유치원은 물론 집에서도 '칭찬 스티커'를 이용해 아이들을 열심히 칭찬했습니다. 스티커를 받기 위해 먹기 싫어하던 반찬도 먹고, 약속한 만큼 책상에 앉아 있던 아이들을 보며 우리는 역시 칭찬이 답이구나 생각했습니다.

하지만 어느 순간부터 아차! 하는 순간이 오기 시작합니다. 아이들의 목표가 '칭찬 스티커를 받는 것!'이라는 것을 알게 된 것입니다. 스티커를 주지 않거나 받게 될 선물이 시시하게 느껴지면서 아이들은 노력하지 않게 됩니다. 보상이 사라지면 노력할 이유가 없다는 생각 때문입니다. 우리의 칭찬이 아이들에게 '독'이 되어 버린 것입니다.

'아이의 자존감을 키우는 데 칭찬이 중요하다.'는 정답입니다. 문제는 우리의 칭찬 방법에 있었습니다. **지금부터 저와 약이 되는 칭찬법을 알아보겠습니다.**

두드림 솔루션 - 약이 되는 칭찬법 Tip!

1. 구체적으로 칭찬해 주세요

'똑똑하다.'라는 칭찬을 들은 아이들은 앞으로도 얼마나 똑똑한지 증명해야 칭찬받을 수 있다고 생각하게 됩니다. 그래서 어렵고 자신 없는 문제를 마주하면 완벽하게 해결하지 못해 똑똑하지 않은 모습을 보이게 될까 걱정이 앞서게 됩니다. 똑똑하지 않으면 칭찬을 받을 수 없다고 생각해 실패보다 포기를 선택하는 경우도 있습니다.

어려운 어휘를 사용하거나 그 뜻을 알고 있어서 똑똑하다고 칭찬하는 것인지. 자신만의 생각을 명확하게 전달하는 모습을 칭찬하는 것인지 구체적인 부분을 콕! 집어 칭찬해 주는 것이 좋습니다. 어떤 부분을 잘해서 칭찬받는 것인지 충분히 이해할 수 있어야 스스로 더 노력하고 성장할 수 있기 때문입니다.

Tip! 아이의 행동을 구체적이고 명확하게 칭찬해 주는 것부터 시작해 보세요

"학교 다녀와서 가방이랑 옷 걸어 뒀네. 잘했어.", "동생한테 양보해 주는 거야? 멋있다."와 같이 구체적인 행동을 칭찬하면 아이들은 내가 무엇을 잘했는지 명확하게 이해하고 칭찬을 온전히 받아들일 수 있습니다.

---

2. 비교 없이 칭찬해 주세요

칭찬의 이유는 경쟁에서의 결과가 아니어야 합니다. "ㅇㅇ이보다 잘했네.", "ㅇㅇ이는 아직 못 하는데 해냈구나."와 같은 비교 칭찬은 약이 아닌 독이 되는 칭찬입니다.

형제 간, 친구 간 비교 평가를 하는 경우 아이의 가능성은 비교대상에서 벗어나지 못하고 어느 순간 성장을 멈추게 됩니다. 아이가 목표로 삼고 나아가야 하는 방향은 끊임없이 변화하고 확장될 수 있습니다. 경쟁 상대를 이기기 위한 노력은 언제나 또 다른 누군가의 뒤를 따라가는 것일 뿐입니다. 경쟁 상대보다 잘하는 것이 아닌 그 이상을 해낼 수 있는 아이가 될 수 있도록 제한을 두지 않는 칭찬이 필요합니다.

3. 과정을 칭찬해 주세요

과도한 경쟁이나 승부에 집중하는 아이들의 경우 빨리 끝내고 등수에 들기 위해 최선의 노력보다는 속도에 집중하는 경우가 있습니다. 결과 중심의 칭찬에 익숙한 아이들의 경우 "제가 먼저 했어요.", "내가 1등이야." 라고 말하기 위해 노력합니다. 이런 속도전은 아는 단어를 다른 글자로 써 놓거나 중요한 내용이 빠진 다소 허술한 결과물을 보여 주기도 합니다.

우리의 칭찬은 결과가 아닌 과정을 관찰하고 성장을 칭찬해 주어야 합니다.

튼튼하게 만들기 위해 꼼꼼하게 만든 블록성의 모습을, 정성 들여 쓴 글씨체를, 계속 쓰러졌지만 포기하지 않고 다시 쌓아 올린 도미노를 위한 아이의 노력의 과정을 칭찬해 주는 것이 중요합니다.

또래 관계 속에서 아이들은 나보다 월등한 능력을 타고난 아이들을 만나게 됩니다. 그리고 그렇지 못한 자신의 모습에 실망하고 상처받기도 하는데요. 타고난 능력을 이기는 것은 노력의 결과라는 것을 아는 아이들은 남을 미워하고 나를 탓하지 않고 노력하고 성장하기 위해 집중할 수 있기 때문입니다.

처음부터 모든 것을 잘할 수는 없습니다. 우리 아이들은 수많은 실패를 경험하며 성장합니다. 가장 가까운 곳에서 아이들의 변화를 관찰할 수 있는 부모가 과거의 아이보다 성장한 오늘의 모습을 알아보고 칭찬해 줄 수 있는 유일한 존재입니다.

어려워하던 글자를 거침없이 읽고 쓰는 것, 오른쪽과 왼쪽을 바꿔 신지 않은 신발, 항상 도와주어야 했던 단추 끼우기 등을 칭찬받은 아이들은 과정 속 노력을 인정받으며 정서적 안정과 함께 또 다른 성공을 위해 스스로 도전하고 노력하게 됩니다.

Tip! 과정을 칭찬해 줄 때는 성장한 모습도 설명해 주세요!

"어려워하던 글자를 포기하지 않고 읽으려고 한 모습 칭찬해. 지난번에는 읽는 것만 연습했는데 이번에는 쓰는 것도 연습했네?"와 같이 아이가 어떤 식으로 스스로 발전하는지 설명하면 용기를 얻는 데 도움이 될 수 있습니다.

2) 말 잘하는 아이에게는
말 잘 들어주는 엄마가 있다

여기 극단적으로 다른 말하기 유형의 두 아이가 있습니다.

한 아이는 말의 속도가 무척이나 빠르고 하고 싶은 말을 모두 뱉느라 뒤죽박죽 정신이 없습니다.

다른 한 아이는 질문에 단답형으로 답합니다. 어떤 질문에는 단어만 연속으로 뱉기도 합니다. 오늘 하루 기억에 남는 일을 물어보면 "학교…, 체육…." 이런 식으로 눈은 다른 곳을 향한 채 단어들을 이어 가죠. 아이는 책을 무척 많이 읽는데 말을 잘하지 못한다고 엄마는 속상해합니다.

두 아이의 유형은 다르지만 이 아이들에게는 공통적으로 필요한 부분이 있습니다. 그게 무엇일까요?

바로 말 잘 들어주는 엄마가 필요했습니다!

말이 빠른 아이는 바쁜 엄마가 들어주지 않을까 봐 조금이라도 빨리 하고 싶은 말을 많이 해야만 했습니다. 바쁘게 쏟아 냈지만 돌아오는 것은,

"어우 무슨 말인지 하나도 못 알아듣겠어."

"천천히 좀 말해."

그렇게 말하고는 아이의 말이 다 끝날 때까지 기다리지 못하고 또다시 엄마는 아이의 말을 끊어 버립니다. 그렇게 엄마와의 대화는 어느새 말하기 수업이 되어 있습니다.

엄마와의 소통이 즐거울 리 없었습니다.

두 번째 아이의 집은 평소 매우 조용합니다.

아이에게 어릴 때부터 책 읽는 습관을 만들기 위해 TV도 없애는 등 많은 노력을 했다고 합니다. 아이는 실제로 많은 양의 책을 읽고 있었습니다. 그런데 대화가 적었습니다. 과묵한 부모님 밑에서 과묵한 아이가 자라나고 있었고 역시나 소통의 재미를 느끼지 못했던 건 마찬가지입니다.

두드림 솔루션 - 아이와 소통하는 첫걸음, 경청하기 Tip!

소통의 재미는 나의 이야기를 누군가가 경청해 주었을 때 상대에게 전달되고, 그것에 공감을 얻었을 때부터 시작됩니다.

두 엄마는 충분히 아이의 말을 들어줬다고 생각했는데 의아해합니다. 그러나 경청에는 상대가 경청하고 있다고 느낄 수 있도록 **경청의 신호를** 주는 것이 매우 중요합니다. 이번 솔루션에서는 경청하는 방법을 배워 보겠습니다.

키즈스피치 원장들의 수다

1. 대화할 때 눈 마주 보기!

엄마가 아이의 말에 집중하고 있다고 느낄 수 있도록 하던 일은 멈추고 눈을 바라봐 주세요!

2. 고개 끄덕이기!

적절히 고개를 끄덕이며 말을 들어준다면 아이가 자신의 말을 잘 듣고 이해하고 있다는 신호를 받을 수 있어요! 그러면 부모님에게 더 마음을 열고 자신의 이야기를 편하게 할 수 있습니다.

3. 이야기에 어울리는 리액션해 주기!

아이의 말을 들으며 그때그때 표정에 변화를 주고 "정말? 그랬어? 그래서 어떻게 했어?" 등과 같은 맞장구와 호응으로 공감과 반응을 해 주면 아이는 엄마가 충분히 자신의 이야기를 집중해서 듣고 있다고 느끼고 엄마로부터 존중을 받고 있다고 느낄 수 있습니다.

우리 아이가 말을 잘하는 아이로 성장하길 바란다면, 방법은 간단합니다. 말을 잘 들어주는 엄마가 되어 주세요.

3) 아이들은 부모의 거울

센터에서 만났던 친구 중에서 목소리가 정말 작은 친구가 있었습니다. 무슨 말을 하는지 2~3번은 물어봐야 알 수 있을 정도였습니다. 아이의 목소리에 힘을 길러 주고 싶다고 찾아왔는데 어머님 목소리가 정말 작으시더라구요! 어느 정도 유전적인 요인이 있다는 걸 알 수 있었습니다. 그래서 어머니께서 먼저 크게 말하려는 노력을 하셔야 할 것 같다고 조언을 드렸습니다. 발성 연습을 통해 소리를 키울 수 있지만 엄마의 모습을 보면서 아이가 자연스럽게 크게 말하는 법을 배우면 더더욱 효과가 있을 것 같았습니다.

상담 이후 어머니께서 크게 말하기 위해 스스로 노력을 하셨다고 합니다. 아이도 엄마의 긍정적인 변화에 좋은 영향을 받았는지 발성 연습에 더 집중하고, 크게 말해 보려고 노력했습니다. 이런 변화를 지켜보면서 **부모님의 변화가 아이들에게 얼마나 긍정적인 영향을 미치는지 다시 한번 생각하게 되었습니다.**

아이들이 태어나 처음 만나는 사회적 집단은 바로 가족입니다. 사회적 동물인 인간은 타인과의 소통을 통해 정서적으로 성장합니다. 특히 타인의 행동을 모방하는 모습을 많이 보이는데요, **이때 부모의 역할이 정말 중요합니다.** '아이들은 부모의 거울'이라는 말처럼 아이는 부모를 꼭 닮아가죠.

우리 아이의 변화를 원한다면 오늘부터 우리 부모님께서 먼저 달라져 보는 것은 어떨까요?

두드림 솔루션 - 아이들에게 좋은 롤모델이 되는 Tip!

1. 부모님이 먼저 스마트폰을 내려놓고 책을 보세요!

우리 아이가 스마트폰만 붙들고 책 읽기를 싫어한다면 부모님께서 먼저 책 읽는 모습을 보여 주세요! '엄마가 책을 재미있게 읽는데 나도 읽어 볼까?' 하는 마음이 자연스럽게 생길 수 있습니다.

간혹 수업을 하다 보면 아이들이 부모님에 대한 불만을 쏟아 낼 때가 있습니다. '엄마는 하면서 나보고 하지 말래요.', '아빠는 약속 안 지키면서 나보고만 지키래요!' 아이들은 생각보다 많은 것을 보고, 느끼고, 기억합니다.

2. 어려운 과제는 부모님의 모습을 아이가 자연스럽게 관찰하고 따라할 수 있도록 기다려 주기!

"자 엄마가 어떻게 하는지 봤지? 따라해 봐!", "너는 왜 아빠처럼 못 하니?" 다그치거나 재촉하는 말은 삼가셔야 합니다. 오히려 거부 반응이 일어날 수도 있기 때문에 아이가 스스로 해 볼 수 있도록 기다려 주세요!

3. 긍정적인 표현과 구체적인 행동!

부모님의 다양한 경험을 바탕으로 어떤 상황에서 어떤 말과 행동이 필요한지 아이에게 자세하게 알려 주셔야 합니다. 예를 들어, 내가 친구의 어깨를 모르고 쳤다면? "그냥 미안하다고 하고 해결해~." 대신 "친구에게 다가가서 내가 모르고 어깨를 친 거야. 아팠다면 미안해."처럼 표현할 수 있도록 예시를 보여 주세요.

그리고 자존감이 높고 자신감 있는 아이로 성장하기 위해서는 긍정적인 마음의 힘이 굉장히 중요합니다. 나의 말과 행동은 우리 아이에게 좋은 영향을 주고 있는지 생각해 보고 긍정적인 단어로 대화법을 바꿔 보세요!

'컵에 물이 반밖에 없잖아?' 대신 '컵에 물이 반이나 남았구나!'라고 표현해 주세요!

4. 일관된 태도를 보이기!

부모님도 사람인지라 매사에 바른 모습만 보이기 힘들다는 점 잘 알고 있습니다. 하지만 어떨 때는 하고, 어떨 때는 하지 않는 기준이 모호한 행동은 아이들에게 혼란을 줄 수 있습니다.

5. 가족 모두 모여서 우리 가족만의 규칙과 약속을 정하기!

가족들 모두 대화하는 시간을 가져보세요! 이때 모두의 의견을 적절하게 수용하면서 서로를 위해 꼭 지켜야 하는 약속도 정하는 것도 추천드립니다. 가족의 구성원으로서 책임감을 갖는 데도 도움이 될 수 있습니다.

개그맨 김준현씨가 아이들이 싫어하는 채소를 먹이는 방법을 방송에서 소개한 적이 있습니다. 아이들에게 채소를 먹이기 위해서 '당근 먹어 봐! 오이 먹어 봐!'라고 말한 적이 한 번도 없다고 하더라구요. 그냥 당근과 오이를 먹음직스럽게 썰어서 아이들 보는 앞에서 아빠가 맛있게 먹는 모습을 보여 주면 된다고 했습니다. 아빠가 맛있게 먹는 모습을 관찰한 아이들은 자연스럽게 '나도 채소 먹어 보고 싶다.'는 생각을 하게 된다는 것이죠! 그리고 '이게 맛있는 거구나!' 표현한다고 합니다.

얼마나 좋은 교육 방법인가! 정말 감탄했습니다. 물론 아이가 변하는 과정을 기다리는 것이 답답하기도 하고, 부모가 항상 잘하고 좋은 모습만을 보이는 게 쉽지 않겠지만! 가장 자연스럽고, 확실한 교육법이라는 생각이 듭니다. '아이들은 부모의 거울이다!'는 말을 항상 잊지 말고, 몸소 모범이 되는 멋진 부모님들이 되길 응원합니다.

4) 믿고 기다려 주세요

3개월 수업을 하고 재등록 일이 되자 '개인적인 사정'으로 그만둔 친구가 있었습니다. 한눈에 봐도 매우 모범적인 모습의 이 아이는 학교에서도 조용히 모범적인 태도로 수업에는 잘 따라가고 성적도 좋았지만 요즘 학교 수업에는 그것만이 필요한 게 아니었습니다. 기질이 섬세하고 내성적인 아이는 친구들 앞, 선생님 앞에서 소리 높여 자신 있게 말하는 것을 어려워했습니다. 그래서 저와 함께 수업을 하며 말하기의 즐거움을 조금씩 알아가기 시작하던 참이었습니다. 그런데 3개월의 등록 기간이 끝난 후 갑자기 그만둔 것이었죠. 아이는 수업을 매우 좋아했고 이제야 막 얼굴이 빨개지지도 않고 답이 없는 표현에 자유로워지기 시작했을 때라 무척 아쉬웠습니다.

그런데 느닷없이 몇 개월이 지난 후에 다시 등록을 하겠다고 연락이 왔습니다. 그리고 들려 준 이야기는 조금 충격적이었습니다.

엄하신 아이의 아버지가 "스피치에 3개월을 다니고도 아직도 얼버무리고 말을 제대로 못 하다니 그만둬라."라는 이유로 학원을 끊으셨던 거죠.

아이에게 모든 학습은 아버지의 테스트를 통과해야 하는 것이었고 해내야만 다닐 수 있었습니다. 그렇게 이제 막 시작한 수업에서 아이는 제대로 시작하기도 전에 부모로부터 합격하지 못했다는 느낌이 들었을 겁니다.

여기 또 한 명의 아이가 있습니다.

"못 할 것 같은데…."를 습관처럼 뱉고 결과가 스스로 만족스럽지 못하면 "거봐. 내가 이럴 줄 알았어. 제가 못할 거라고 했잖아요."라고 하거나 심지어 글씨체를 칭찬이라도 해 주면 "근데 엄마는 못 쓴다고 해요."라는 말로 칭찬을 오롯이 즐기지 못하는 말을 자주 했습니다.

그리고 어느새부터 이 아이가 가장 두려워하는 시간은 발표하는 시간이 되었습니다. 처음부터 그랬던 것이 아니기에 이 변화의 이유가 무척 궁금했습니다.

몇 번이고 잘했다고 칭찬을 해 줘도

"그런데 엄마는 영상 보고 이건 이렇게 하지 말라고…. 왜 아직도 이렇게 하냐고 그래요."

아이에게는 발표, 자유롭게 표현하는 것이 더 이상 즐거움이 아닌 좋은 결과물을 만들어 내야 하는 숙제 같은 것이 되어 있었습니다. 그래서 수업을 하면 할수록 발표 부담감은 회를 거듭할수록 눈덩이처럼 불어났죠.

아이가 정말 발표를 못했을까요?

아이는 실제로 발표 실력이 꽤 좋은 아이였습니다.

스스로를 믿고 하는 발표에는 힘 있는 소리에 안정적인 시선, 자세, 제스처까지 모든 것이 자연스럽고 야무진 실력을 가지고 있었습니다. 그런데 엄마는 그 최상의 실력이 모든 발표에서 나올 때까지 만족하지 못했고 그 소감은 그대로 아이에게 전해졌습니다.

발표력의 기복 없이 꾸준히 완성도 높은 발표를 갖추려면 아이가 스스로 자신을 믿을 수 있는 힘을 길러 줘야 합니다.

그 힘은 부모의 인정과 칭찬, 응원에서 나옵니다. 그리고 꾸준히 믿고 기다려 줘야 합니다.

'3개월, 6개월을 다니면 이 정도는 나와야 한다.' 그 기준은 누구에게 있는 걸까요? 아이가 말을 하기 시작하고 지금까지, 앞으로 하게 될 학교 생활, 발표, 무수히 많은 상황별 말하기 시간에 비하면 고작 3개월, 6개월의 시간은 너무 짧습니다. 그러니 제발, 우리 아이를 믿고 기다려 주세요.

5) 엄마가 읽어 주는 책 읽기의 힘

아이의 교육에 있어 독서의 중요성은 모두 알고 있을 것입니다. 아이가 있는 집이라면 전집이 꽂혀 있는 책장은 자연스러운 모습인데요. 요즘은 돌잡이 맞춤 전집으로 책장을 채우기 시작하기도 합니다.

높은 기대와 관심 속에 시작되는 아이들의 독서 교육. 하지만 책을 좋아하던 아이들도 어느 순간부터 책 읽기를 거부합니다. 독서를 해야만 하는 숙제처럼 여기는 아이들의 모습이 우리가 책 읽기에 대한 생각을 변화시켜야 하는 이유입니다.

독서의 진정한 의미. 우리가 추구해야 하는 책 읽기란?

독서는 집중해서 바른 자세로 앉아 책을 읽고 줄거리를 기억하는 것. 그리고 교훈을 찾아내는 것이 아닙니다.

엄마와 아빠를 독점할 수 있는 즐거운 시간. 책 속의 이야기에 빠져 상상하는 즐거움을 만끽하는 시간입니다. 아이들이 원하는 독서는 혼자 글자를 보고 익히기 위한 시간이 아니라 엄마와 아빠의 목소리로 이야기를 들으며 내용을 이해하고 상상력과 창의력을 발휘하는 시간입니다.

만 5세부터 아이들은 본격적으로 읽기, 쓰기를 시작합니다. 언어에 대한 흥미가 폭발적으로 성장하는 이 시기가 바로 독서가 취미가 될 수 있는 결정적인 경험이 시작되는 중요한 시기라고 할 수 있습니다.

책 읽기의 놀라운 힘을 깨닫게 해 준 강영우 박사. 그는 한국 최초 시각 장애인 박사로 미국 백악관 국가장애위원회 정책차관보의 경력을 가지고 있습니다. 잠자리 독서에 대한 이야기가 담긴 강영우 박사 아들의 하버드대 입학 시험 에세이의 내용입니다.

어둠 속에서 아버지가 읽어 주신 이야기

나는 다섯 살 고사리 손으로 머리를 받치고 어둠 속의 허공을 올려다보고 있다. 밤의 침묵이 나를 감싸기 시작하면, 언제나 변함없이 부드러운 손길로 책장을 넘기는 소리가 나를 반기곤 했다…. 아버지의 부드러운 음성은 나를 유치원에서 미지의 세계로 이끌어 갔고, 그 이야기들 속에서 나는 거북이, 토끼와 경주를 하고, 선한 사마리아인을 만나며 자유로이 상상의 날개를 펼칠 수 있었다…. 비록 나는 아버지처럼 어둠 속에서 책을 읽을 수는 없지만, 아버지가 당신의 실명을 통해 나에게 주셨고, 앞으로도 주실 것은 미래를 바라보고 정진할 수 있는 비전과, 상상의 날개를 활짝 펼 수 있는 자유로움과, 인생을 풍족한 기회의 터로 볼 수 있는 눈을 뜨게 해 주신 점이다.

([출처] 강영우 박사 아들 에세이 '어둠 속에서 아버지가 읽어 주신 이야기', 작성자 서책과 산책.)

함께 야구를 하지도 자전거 타는 법을 가르쳐 주지도 못하는 그의 아버지는 깜깜한 밤, 어두운 방에서 아들에게 책을 읽어 주셨습니다. 하버드대를 졸업하고 안과 의사가 된 그는 아버지의 이야기를 들으며 뛰어난 상상력과 창의력을 가지고 독창적으로 생각하는 법을 배웠다고 말합니다. 이것이 바로 읽어 주는 책 읽기의 힘이라고 생각합니다.

독서나 글쓰기를 할 때 우리의 뇌는 가장 활발하고 능동적으로 활동합니다.

아이들은 책을 읽으며 등장인물과 함께 공감하고 갈등과 감정 문제를 해결하는 방법을 배우며 삶을 살아가는 소중한 가치관을 형성합니다. 여기서 중요한 것은 혼자 글자를 보고 읽는 것에 집중하는 것이 아니라는 것입니다. 부모가 많이 읽어 주고 많이 들을 수록 책 읽기를 가장 즐거워하는 아이로 성장할 수 있습니다.

두드림 솔루션 - 엄마와 함께하는 책 읽기 Tip!

엄마와의 대화에서 사용하는 문장과 어휘수의 차이는 아이의 어휘력과 어휘 처리 속도의 차이로 나타납니다. 일상에서의 대화만으로는 다양한 어휘를 사용하는 것이 쉽지 않은데요. 책을 함께 읽으며 자연스럽게 아이의 어휘력 향상에 도움을 줄 수 있습니다.

1. 책과 친해지기

아이와의 책 읽기는 구체적인 독서량과 시간에 목표를 두는 것이 아니라 책을 읽는 행위 자체의 즐거움을 경험하는 시간임을 기억해 주세요. 책에 대한 거부감이 큰 아이의 경우 내용 이해가 쉬운 한 단계 낮은 수준의 책이나 관심 분야의 책을 선택하는 것이 도움이 됩니다.

함께 책을 읽으며 떠오르는 다양한 생각들을 자유롭게 말할 수 있는 시간을 가지며 아이의 반응에 집중해 주세요. 아이가 보채거나 지루해 한다면 바로 책을 덮어도 좋습니다. 엄마와의 책 읽기를 긍정적이고 흥미로운 놀이 시간으로 인식하면서 독서 시간은 조금씩 늘어나게 될 것입니다.

2. 규칙적으로 읽어 주기

책 읽기가 생활의 일부가 되어 취미가 되기 위해서는 좋아하고 편안한 사람과 함께하는 익숙한 시간이어야 합니다. 하루에 5분이라도 좋습니다. 정서적으로 안정감을 느낄 수 있는 장소와 분위기에서 꾸준히 함께 책을 읽는 것이 중요합니다.

이때만큼은 잠시 휴대폰을 멀리 두고 아이와의 책 읽기에 집중해 주세요. 아이와 함께 책을 읽으면서 엄마, 아빠를 독점할 수 있는 즐거움을 만끽할 수 있게 해 주세요.

3. 평가와 판단은 NO!

누군가에게 평가받지 않을 때 진짜 마음속 이야기를 할 수 있습니다. 함께 책을 읽는 시간에는 엉뚱한 이야기로 장난을 치는 것 같다 느껴지더라도 떠오르는 생각이나 감정을 편안하게 말로 표현할 수 있도록 도와주세요.

나의 말에 귀 기울여 주는 부모님의 모습에서 안정감을 느끼며 마음속 이야기를 함께 나누면서 정서 지능과 공감 능력은 자연스럽게 향상될 수 있을 것입니다. 함께 책을 읽는 시간은 같은 내용을 공유하며 아이와 부모의 공통된 경험을 쌓아 가는 시간임을 잊지 말아 주세요.

6) 자신을 스스로 챙기는 힘을 길러 주세요

- 충분히 혼자서 옷을 입을 수 있는 나이임에도 입혀 달라고 하는 아이
- 먹고 싶은 것을 골라 보라고 해도 우물쭈물하며 결정하지 못하는 아이
- 학교에서 준 숙제를 혼자서 못 한다고 무조건 부모에게 해 달라고 하
  는 아이

혹시 내 아이는 어떤 모습인가요?

어떤 일에 대하여 스스로 생각하고 결정하지 못하는 것은 자기주도성
의 부족과 연관이 있습니다. 자기주도성은 자기 스스로 삶을 선택하고 결
정하여 책임지는 능력을 말하는데요. 아이가 발달 단계에 이르렀을 때 스
스로 살아갈 수 있는 힘을 기르도록 아이의 발달 단계에 따라 고려해야
하는 부분입니다.

모든 아이들은 처음부터 다 잘할 수는 없습니다. 연령별 발달 과정을 통

키즈스피치 원장들의 수다

해 기능을 얻게 되고 배워 가는 과정에서 서투르고 실수가 있더라도 스스로 해 보는 경험이 필요한데요, 예를 들어 기어 다니던 아이가 걸음마를 하기 위해서는 1000번을 시도하고 넘어져 봐야 합니다. 넘어지지 않고 걷기 위한 수많은 시도 가운데 나름의 걸음마 방법을 터득할 테니까요.

이렇게 수많은 실패와 좌절들을 겪으면서 자신만의 방법들을 익혀 가는 과정 속에 자기주도성이 성장할 수 있지만 많은 부모님들은 아이에게 그렇게 할 기회를 주지 않습니다. 부모가 볼 때 아이의 선택과 행동이 굉장히 부족하고 서툴러 보이기 때문이지요. 처음 겪는 문제에 대해 실패하고 좌절하기도 하는 것은 당연한 과정인데 이 미숙한 모습을 견디지 못합니다.

특히 **과잉 보호, 통제적인 양육 태도를 보이는 부모**에게서 많이 볼 수 있는데요 과잉 보호의 양육 태도를 보이는 부모의 경우 아이를 너무나도 사랑하는 나머지 **조금이라도 아이가 괴로워하고 좌절하는 것을 견디기 어려워합니다.**

실수하고 실패를 통해 아이가 좌절하고 부정적인 감정을 경험하는 것을 부모가 받아들이기 어려운 것이죠, 아이가 그 감정을 느끼기도 전에 미리 알아서 적극적으로 개입해야만 마음에 안정감이 듭니다.

그래서 조금이라도 아이가 못 하겠다고 징징대거나 하면 기다려 주거나 한 번 더 시도해 보도록 하는 것이 어렵습니다. 미리 아이가 원하지 않는 데도 불구하고 도움을 주고 모든 것을 다 해결해 주는 경우도 많습니다. 자연스럽게 아이는 주도성을 키우는 경험을 빼앗기는 것이지요.

아이의 가능성은 거창한 곳에서 자라는 것이 아닙니다. 좋은 습관은 일상에서 서서히 스며들게 하고, 그 과정에서 아이에게 도움이 되는 역량을 키울 수 있도록 부모는 한 발 떨어져서 지켜봐 주어야 합니다. 또한 아이가 도전하고 성취해 나가는 과정을 소중한 경험으로 여기고 믿어 주어야 합니다.

자기주도적인 아이로 키우는 방법에 대해 알아보도록 하겠습니다.

두드림 솔루션 - 자기주도적인 아이로 키우는 Tip!

1. 아이 스스로 선택하고 경험할 수 있는 기회를 주세요!

자기주도성이 부족한 아이들의 경우 처음부터 큰 과제에 대해 선택하고 결정하는 것이 매우 부담스러운 일입니다. 아이의 연령과 발달 단계에 적합한 것들을 하도록 지도하는 것이 필요합니다. 아이들에게 그것이 오히려 짐으로 다가와 극심한 스트레스를 받거나 의존하게 되고 의욕이 떨어지고 무기력에 빠질 수 있게 되기 때문입니다. 일상생활의 작은 것부터 할 수 있는 일들을 찾아서 스스로 계획하고 실천해 보도록 합니다.

예를 들어 집안일 같은 경우 자기 방 스스로 치우기, 쓰레기 나갈 때 버리기, 자신이 먹은 것은 자신이 설거지해 보기, 청소 나눠서 함께하기, 신발장 정리하기 등 이런 소소한 일상 속에서의 실천은 아이에게 스스로 할 수 있다는 성취감을 심어 주고 자존감 또한 향상될 수 있습니다. 작고 소소한 일상생활에 책임을 지면서 자신의 힘을 스스로 기르는 과정은 성인이 되어 타인에게 과도하게 의존하지 않으면서 자신의 삶을 자주적으로 결정하며 이끌어 나가는 데 큰 버팀목이 될 수 있습니다. 아이의 나이와 발달 단계에 맞춰 매일 계단을 오르는 마음으로 할 수 있는 것들에 조금씩 도전하며 작은 성공의 경험을 쌓을 수 있도록 기회를 주세요.

2. 실패하는 것을 허용해 주고 기다려 주세요

새로운 것을 경험하고 배우는 과정에서 실수와 실패는 자연스런 것입니다. 낯선 정보와 자극들에 익숙해지고 몸에 익혀질 때까지는 꽤 많은 시간들이 소요되는 것은 당연한 일입니다.

실패와 좌절, 넘어지고 다시금 일어나 도전하는 수많은 과정들을 통해 아이들은 스스로 문제를 직면하고 책임질 수 있으며 자신만의 해결책을 찾아낼 수 있습니다. 그 과정에서 스스로 자신을 지킬 수 있고 조절할 수 있다는 믿음과 힘이 키워짐으로써 주도적으로 삶의 주인이 되어 주체성을 가지고 살아갈 수 있답니다. 모든 것을 대신 다 해 주는 해결사가 되는 것이 아니라 아이가 스스로 선택하고 경험할 수 있도록 기다려 주는 마음이 필요합니다.

3. 아이가 스스로 선택하고 경험하는 과정에 진심을 담아 칭찬해 주세요!

아이가 스스로 선택한 결정들에 대해서 긍정적으로 존중해 주는 마음을 갖고 격려와 칭찬을 아끼지 말아 주세요. 아이들에게 새로운 것을 경험하고 배우며 습득하는 과정 속에서 실패를 겪는다는 것은 당연하고 자연스러운 것이라고 언급해 주면서 따뜻하게 격려해 주는 것이 필요합니다.

이러한 따뜻한 격려와 칭찬이 쌓이면 그대로 아이의 마음에 내면화되면서 주도적으로 자신의 삶의 문제들을 책임지고 꾸려 나갈 수 있는 큰 자양분을 얻게 됩니다.

4. 엄마가 먼저 자기주도적인 삶의 태도를 보여 주세요!

부모가 롤모델이 되어 자기주도적인 삶의 모습을 보이면 아이들도 자연스럽게 익히게 됩니다. 아이는 부모님을 항상 모델링한다는 것을 명심하세요.

7) 다양한 말하기 경험을 시켜 주세요

A와 B라는 두 친구가 있습니다.

A 친구는 늘 부모님이 문제를 해결해 주는 환경에서 자랐고 친구들을 만나기 보다는 학교 학원 등 정해진 일과만 열심히 다니는 친구였습니다.

B라는 친구는 조금 더 자유로운 환경 안에서 부모님과 소통이 많고 여러 미션과 경험을 많이 하는 환경에서 자라 왔습니다. 슈퍼 가서 인사하기, 심부름 해 오기, 직접 배달 주문하기 등 다양한 경험을 해 왔던 친구였습니다.

이 두 친구에게 미션을 내주었습니다.

그 미션은 바로 "중국집에 전화를 해 자장면을 시키는 것!"

과연 누가 이 미션을 쉽게 성공했을까요??

당연히 B 친구였겠죠.

A 친구는 처음 시도하는 거였기 때문에 너무 부끄러워 도전에 실패했

고 B 친구는 그동안 전화를 자주 해 보았기 때문에 쉽게 성공할 수 있었죠.

이처럼 말은 의사소통의 도구로써 말을 통해 내 생각과 마음을 나눌 수 있습니다. 말은 다양한 경험을 통해 내 생각과 마음을 더 다양하고 깊게 표현할 수 있는 매개체가 됩니다. 따라서 다양한 장소에서 다양한 말하기 경험을 많이 쌓아 온 사람과 그렇지 않은 사람의 간극은 클 수밖에 없습니다.

어렸을 때부터 미국으로 유학을 가서 영어를 다양하게 배울 수 있는 환경에서 많은 경험을 통해 영어를 배운 사람과, 어른이 되어 한국에서 영어를 익힌 사람의 아웃풋이 다른 것처럼 어릴 때부터 **다양한 말의 경험을 해 온 아이들**은 풍부한 에피소드 콘텐츠는 물론이고 자신감, 표현력, 어휘력 등 말하기의 내공부터 다릅니다.

따라서 언제 어디서든 내 생각을 슬기롭게 얘기하는 아이로 자라나게 되는 것입니다. 말로 자신의 개성을 나타내기도 하며 부당한 대우를 당했을 때도 씩씩하게 말할 줄 아는 아이로 성장하게 됩니다.

여러분, **말하기도 학습입니다.**

다만 수학 공식처럼 주입식으로 익히는 방식이 아닌 자연스러운 일상생활 안에서 다양하고 재미있는 체험을 경험을 하면서 그 안에서 이루어지는 가족과, 친구와, 타인과 올바르게 듣고 말하고 나누는 말하기의 장을 통해 그 체험이 경험이 되고 그 경험이 학습이 되어 결국 내 생각을 다양하고 풍요롭게 표현하는 아이로 자라나게 되는 것입니다.

현대 사회가 주입식 교육으로 발전하면서 또 핵가족 사회가 되면서 형제와 이야기하고 가족과 이야기하고 친구와 이야기하는 경험이 현저히 줄어들게 되었습니다. 그러면서 자연을 체험하고 친구들과 놀이터에서 역할놀이를 하고 소통하며 사회성을 키우고, 내 생각을 피력하기도 하는 말하기의 장이 많이 사라졌습니다

우리는 말이라는 매개체를 통해 사람들과 관계를 맺게 되고 인격을 갖춰 나가게 됩니다. 다양한 말의 경험을 통해 자신감은 물론, 올바른 의사소통을 할 줄 알게 되고 풍부한 표현력도 생기게 되는 것입니다. "우리 아이들에게 다양한 말하기의 경험을 시켜 주세요."

두드림 솔루션 - 다양한 말하기 경험 Tip!

1. 아이에게 관심 어린 질문과 함께 이야기를 자주 나눠 주세요

하루에 한 번씩 자기 전에, 아이들에게 학교에서 있었던 이야기, 오늘 기분 등 자신의 생각을 나누는 것에 익숙해질 수 있는 시간을 많이 마련해 주세요! 표현력이 한층 향상된답니다.

2. 가족 토론회(발표회)를 열어 주세요

일주일에 한 번씩이라도 가족 토론회나 발표회를 열어 가족들 앞에서 내 장기를 혹은 내 의견을 공개적으로 발표해 보는 시간을 가지면 무대 스피치의 경험은 물론 자신감이 향상되는 아이로 거듭나게 된답니다. 토론을 할 때는 타당한 근거를 제시할 수 있도록 "왜 그렇게 생각했어~?"라는 질문을 던져 주세요. ^^

3. 친구들과 만남의 기회를 많이 만들어 주세요

여러 상황이 발생할 수 있는 친구들과의 만남! 또래 친구들과 소통할 수 있는 다양한 경험을 통해 또래 커뮤니케이션에 대해 자연스럽게 접하고 터득할 수 있도록 해 주세요.

4. 인사하기 미션을 내주세요

어릴 때부터 이웃에게 서슴없이 인사하는 습관으로 자리 잡게 되면 낯선 환경으로부터 어색할 일이 없을 거예요! 다양한 말하기의 경험을 통해 슬기롭게 자라나는 우리 아이들이 되게 해 주세요.

8) 절대 비교하지 마세요

'다른 집 아이는 한글도 읽고, 숫자도 읽는데 우리 아이만 너무 느린 것 아닌가?'

'다른 집 아이는 말도 잘하고 인사성도 밝은데 우리 아이만 너무 소극적인 것 아닌가?'

엄마라면 내 아이와 다른 아이를 비교하며 불안했던 경험이 한 번쯤 있을 것입니다. 저 역시 제 딸의 성장 속도를 다른 아이와 비교하며 문득문득 불안함을 느낍니다. 엄마들은 자신도 모르게 아이를 다른 아이들과 비교하게 되죠. 누군가 정해 놓은 기준으로 내 아이가 그 기준에 다다르지 못하는 것을 불안해하고 그 불안이 아이를 다그치게 됩니다.

그럼 부모는 왜 자꾸 비교하게 될까요?

우리가 아이에게 잘못된 기준으로 끊임없이 비교하는 것은, 부모 자신의 열등감과 불안감 때문인 경우가 많습니다.

학교 가기 전에 한글은 떼고 보내야 할 것 같고, 다른 집 아이가 새로운 학원에 다니면 우리 아이도 보내야 남들 하는 것만큼 부모 노릇을 한다고 생각을 하지요.

하지만 이 과정을 반복하다 보면 자꾸 부족한 점만 보여 부모 스스로 괜히 불안감과 열등감을 느끼게 됩니다. 그래서 자꾸 '나는 못 해도 넌 잘해야 돼.'라는 생각을 가지게 되고 그것이 우리 아이와 다른 아이를 비교하게 됩니다. 하지만 부모님의 이러한 생각으로 인하여 우리 아이도 더욱 불안해지고 자신감이 낮아질 수 있다는 것을 명심해야 합니다.

또한 평가의 기준을 내 아이가 아닌 외부에 두고 그 잣대에 맞춰 아이를 바라보면 우리는 아이의 장점보다는 단점, 즉 부족한 면을 바라볼 수밖에 없습니다.

아이들의 성장 속도는 각기 다르다는 사실을 기억해야 합니다.

그 당시 환경적인 요인으로 인하여 발달이 늦어질 수 있고, 조금 더 빨라질 수 있습니다. 아이들은 저마다 타고난 기질과 특성이 있고 사회적 조건과 가정 환경도 다르기 때문입니다. 평가의 기준을 외부가 아닌 내면에 두고 자녀의 기질과 성품을 있는 그대로 받아들이려 노력해야 합니다

나도 모르게 내 아이를 비교하고 있다면 부모님의 생각을 전환해 주세요!

키즈스피치 원장들의 수다

1. 부모의 시선과 관심을 전환해 주세요

부모의 시선과 관심은 온전히 나와 내 아이에게 있어야 합니다.

사실 많은 인터넷 정보와 육아를 함께하는 엄마들과 대화 속에서 흔들리지 않는다는 것은 쉽지 않습니다. 하지만 다른 사람과 나를, 다른 아이와 우리 아이를 비교하면서 부족한 점에 대해 실망하고 좌절하는 것이 아니라 그럴수록 우리 아이의 장점을 찾고, 우리 가족의 장점을 찾고 나의 장점을 찾을 수 있도록 부모의 시선과 관심은 온전히 나와 내 아이에게 있어야 합니다.

그러다 보면 자연스럽게 긍정적인 생각이 커지고 자존감이 올라갈 수 있습니다. 그래야 비교하지 않고 나만의 길을 갈 수 있습니다.

2. 아이를 바라보는 기준을 전환해 주세요

내 아이의 성장 기준은 다른 아이들이 아니라 어제의 내 아이여야 합니다. 내 아이가 다른 아이보다 잘하면 엄마로서 기분이 좋은 것은 당연한 것입니다.

하지만 내 아이의 성장 기준은 다른 아이들이 아니라 어제의 내 아이여야 한다는 것을 기억해 주세요. 바로 어제의 아이와 오늘의 아이를 비교하는 것입니다. 아이를 어제의 아이와 비교하면 목표를 이뤄 가는데 동기 부여가 되고 자기 자신을 이겨 낼 수 있다는 생각이 커져서 새로운 도전에 대해서도 해낼 수 있을 거라는 믿음 즉 자기 효능감이 커집니다. 그리고 이런 경험이 쌓이면서 자신감 있는 아이로 성장하게 됩니다.

9) 낮말은 새가 듣고,
밤말은 아이가 듣는다

어느 날 9세 아이가 첫 그룹 수업에 참여했습니다.

아이는 꽤나 총명했고 처음 만난 친구들 앞에서도 물어보는 말에 척척 손을 들고 참여하는 모습이 의젓해 보이기까지 할 정도였어요. 그런데 유독 자신의 생각이나 감정에 대한 이야기에서는 소극적인 태도를 보이는 것이 의문이었죠. 정답이 확실한 부분에만 자신 있게 참여했고 주관적인 부분에는 눈치를 살피거나 심지어 자신이 할 말을 저에게 확인을 받은 후에 안심하고 대답했습니다.

자신의 생각에는 1+1=2와 같은 확실한 정답이 없건만, 그걸 주저하고 눈치를 살피는 모습이 안타까웠습니다.

수업이 끝난 후 아이의 첫 수업이 궁금했을 엄마와 피드백을 나누는 시간. 아이가 수업한 교재와 함께 수업 내용을 안내해 드리려는 찰나, 아이의 엄마는 마치 숙제를 채점하듯 아이가 수업한 교재부터 빠르게 확인합니다. 그러다 멈춰 서더니 아이에게 "여긴 왜 빈칸이야?"라고 묻습니다.

첫 수업을 무사히 끝낸 뿌듯함과 즐거움, 자신이 얼마나 많은 칭찬을 받았었는지 자랑하고 싶었던 아이는 금세 긴장과 당황으로 얼굴이 굳었습니다. 그리고는 저를 한 번, 주변을 한 번 살펴보고는 대답하지 못하고 우물쭈물하자 어머니는 한숨을 한 번 쉬더니 이번에는 저를 향해 "애가 이거 잘 못해서 못 쓴 건가요? 친구들은 다 썼나요?"라고 연이어 물었습니다.

이제 아이는 금방이라도 울음이 터질 듯이 울그락불그락 많은 감정이 뒤섞인 표정이 되었습니다.

저는 그제야 아이가 왜 그토록 썼던 글씨를 몇 번이고 지웠다 다시 쓰기를 반복하고 말로 충분히 했으니 하나쯤은 빈칸으로 두어도 된다고 했을 때 스치듯 불안해하며 교재를 넘겼던 이유를 알게 되었습니다. 엄마는 여기서 그치지 않고 하소연하듯 빠르게 말을 이어 갔습니다.

"제가 이래서 스피치 학원에 보내는 거예요. 우리 애가 이렇게 말을 바로 못 하니까 친구들도 답답해하고 글 쓰는 것도 무슨 고민이 그리 많은지 오래 걸리고…."

상담실로 이동하는 다섯 걸음도 채 안 되는 그 길을 이동하며 자신을 나무라는 듯한 말을 공개적으로 하는 엄마를 통해 아이는 어떤 마음이 들었을까요?

부모의 사랑과 인정은 아이에게 생존과도 같습니다.
아이가 가장 가까운 존재인 부모에게서 인정받지 못한다고 느낀다면 스스로도 자신을 믿을 수 없습니다.

그래서 아이는 주관적인 자신의 생각을 의심하고, 글씨를 쓰는 것도 완벽해야 했으며, 틀리는 것이 두려웠고, 그러다 자신의 감정 표현에도 확신이 없어 말하기를 주저하는 아이가 된 것이지도 모릅니다. 그 어머님의 행동 또한 소중한 우리 아이를 위해 부족하다 느끼는 부분을 채워 주고 싶은 마음에서 나온 것이라는 걸 잘 압니다. 그러나 그걸 아이가 듣는 곳에서 공개적으로 말해야 할 필요가 있을까요?

이 에피소드를 통해 우리가 알아야 할 점을 솔루션에 정리해 보았습니다.

 두드림 솔루션 - 아이의 실수와 잘못을 대하는 Tip!

1. 아이가 한 활동에 대해서는 결과보다는 과정에 집중하기!

아이가 내놓은 결과가 100% 마음에 들지 않더라도 그 결과를 위해 노력한 과정에 집중해 주세요. 그 과정 속에서 잘한 점은 칭찬하고, 고칠 점은 설명해 주시면 됩니다.

2. 아이의 칭찬은 공개적으로! 단점은 단둘이!

다른 사람이 있는 공개적인 곳에서 아이의 단점을 이야기하는 것은 아이에게 큰 상처가 될 수 있습니다. 여러 사람의 따가운 시선을 받는 아이의 기분을 생각해 주세요.

만약 앞서 소개한 일화처럼 아이가 학습한 내용에 빈 곳이 있다면? 먼저 이유를 물어보고, "어려웠니? 괜찮아! 첫 시간이잖아. 엄마랑 빈 부분은 같이 채워 보자!"라고 응원해 주세요.

그리고 기억하세요!

엄마의 말은 아이의 마음에 그대로 새겨집니다.

10) 공격적인 언어 사용하지 마세요

수업을 진행하다 보면 주제에 대한 자신의 생각을 공격적인 언어, 폭력적인 언어로 표현하는 친구들이 간혹 있어요. 아이 안에 화가 있는 것처럼 책을 찢거나 낙서를 하는 아이들도 있구요.

나아가 또래 관계에 있어서도 부정 언어로 상대와 소통을 이어 나가는 경우도 있습니다. 이와는 반대로 수업 시간 중에 손톱을 물어뜯거나 불안해 보이는 시선과 눈치를 많이 보는 친구들도 보이는데 위와 같은 아이들과 왜 그런 언어를 썼는지 상담을 진행하다 보면

"부모님이 자주 싸워요.", "우리 엄마가 이런 말을 해요."
"아빠의 말을 따라한 건데요.", "부모님이 무서워요."

가정에서 배운 단어들을 그대로 모방하여 자신의 언어로 이야기했거나 불안함에 그런 증상들이 표출되었음을 파악하게 됩니다.

즉, 아이들이 생활하는 가정 환경 속에서 부모님이 사용한 언어와 행동

들로 인해 우리 친구들의 성장 과정에 그 모습이 그대로 모델링되고, 학습되어져 부정의 아웃풋이 나오게 된 것이었어요.

부모들이 무심코 던진 지나가는 부정적이고 공격적인 언행들이 우리 아이들의 성장 과정에 있어 치명적인 영향을 끼치게 된 것입니다. 특히나 공격적이고 부정적인 요소의 언어들은 아이들의 사고에 더 강한 영향을 줍니다.

이런 상황에 노출된 친구들은 생각을 피력함에 있어 다양한 언어를 사용하기보다는 일정하고 한정적인 언어로만 생각을 표현하고 부정적인 사고를 많이 보입니다. 또한 불안함이 내재되어 있으며 어휘력이 현저히 떨어지는 경우가 대부분입니다

우리 아이의 올바르고 멋진 표현력을 위해 부모님들의 노력이 필요합니다.

두드림 솔루션 - 공격적이고 부정적인 언어 금지 Tip!

1. 부모님의 언행이 우리 아이 표현력에 강한 영향을 끼칩니다

아이는 부모의 거울이다라는 말이 있듯이, 부모의 공격적인 언행은 아이의 행동 양식뿐 아니라 언어 표현에 막대한 영향을 끼칩니다. 부모의 부정적이고 날카로운 언어, 강압적이고 거친 행동은 아이를 위축되게 만들고 위압감을 제공할 수 있으니 공격적이고 부정적인 언어는 사용하지 말아 주세요. 아이의 잘못된 점을 훈육하실 때는 잘못된 점을 분명하게 지시하고 전달하시되 아이에게 전달하는 어휘나 행동에 있어 알맞은 선

택을 해 주시기 바랍니다.

2. 긍정 언어와 긍정 표현을 많이 사용해 주세요

부모님이 먼저 이웃에게 인사를 잘하는 모습을 보여 주고 잦은 긍정 언어의 사용과 공격적이지 않은 대화법을 사용한다면 우리 아이들도 똑같은 표현을 사용하게 되며 긍정적인 요소를 받아 갈 것입니다.

부모로부터 받는 학습의 효과가 중요한 만큼 긍정적인 언어와 행동으로 아이들을 대해 준다면 우리 아이의 성장 과정에 긍정적인 영향을 끼쳐 반드시 아이의 성장에 있어 긍정적인 변화를 불러오게 될 것입니다.

3. 부모의 공감이 중요합니다

아이의 속마음을 알아봐 주시고 따뜻한 마음으로 공감해 주세요. 하루 일상을 마무리하며 아이와 따뜻한 대화를 나눠 주시고 오늘 하루 느낀 아이의 감정이 무엇인지 공감과 소통의 대화로 훈훈하게 마무리해 주세요.

11) 꼭 참다가 욱하지 마세요

언제나 따뜻한 미소로 아이와 행복한 시간을 보내는 엄마. 사랑을 가득 담아 좋은 것만 해 주는 멋진 엄마. 비밀 없이 모든 것을 공유하는 친구 같은 엄마.

각자 꿈꾸는 엄마가 되기 위해 노력하지만 마음처럼 쉽지 않은 것이 사실입니다. 오늘도 아이에게 화풀이한 것 같아 미안해하지는 않으셨나요? 매번 이런 후회가 반복되는 이유를 알면 우리가 꿈꾸던 엄마가 될 수 있습니다.

어떤 엄마도 처음부터 아이에게 화낼 생각은 없습니다. 몇 번이고 좋은 말로 타이르고 설명해 주다 결국 화를 내버리게 되는 것입니다. 하지만 아이들은 참아 주고 기다려 준 엄마의 마음을 알 수 없습니다. 그래서 엄마는 매일 큰소리로 화를 내고 혼을 냈다고 생각하게 되는 것입니다.

그렇다면 우리는 왜 참고 또 참을까요? 엄마는 화내면 안 된다는 생각 때문일지도 모릅니다. 감정에는 정답이 없습니다. 긍정적인 감정만큼 부정적인 감정도 자연스러운 것입니다. 문제는 화가 났다고 아이에게 화풀이하듯 감정적으로 반응하는 것입니다.

왜 아이에게 화가 날까?

화는 참는다고 사라지거나 줄어들지 않습니다. 화는 꾹꾹 눌러 놓은 만큼 화산처럼 폭발합니다. 아이에게 화를 냈지만 아이 때문에 화가 난 것이 아닐 수도 있습니다.

오늘도 집에 돌아와서 가방과 옷을 아무렇게나 던져 버리는 아이에게 화를 냈다면 아이의 행동 때문이 아니라 아침부터 느껴지는 감기 기운과 피로감 때문일 수 있습니다. 어제는 오늘처럼 아이에게 화를 내지 않았으니까요. 이처럼 화가 나는 이유를 정확하게 파악하는 것이 중요합니다. 피로감이나 우울감 혹은 무시받는 느낌이나 지나친 걱정 등 아이에게 화가 나는 근본적인 이유는 다양합니다. 중요한 것은 내가 왜 화가 나는지를 이해하는 것입니다.

과거의 기억과 상처는 우리의 현재와 미래에 큰 영향을 줍니다. 엄마의 과거는 아이의 교육과 훈육에 기준이 될 수 있는데요. 학벌 열등감은 과도한 교육열로, 외모 열등감은 지나치게 발달 상태에 집중하는 엄마의 모습으로 나타나게 되는 것입니다.

아이의 모습을 보며 과거의 기억과 상처가 떠올라 화가 난다는 것을 이해하면 더 이상 아이에게 화풀이하고 자책하는 일은 없을 것입니다.

키즈스피치 원장들의 수다

마트에서 장난감을 사 달라고 떼쓰는 상황으로 적용해 보겠습니다.

1. 불편한 감정 알아차리기

- 마트에서 장난감을 사 달라고 울며 고함을 치는 아이 때문에 사람들의 이목이 집중되는 상황에서 엄마는 민망함과 부끄러움을 느낄 수 있습니다.
- 오늘따라 '엄마'를 연호하는 아이의 목소리에 귀찮음과 피로감을 느낄 수도 있는데요.

이렇게 나에게 느껴지는 불편한 감정을 바로 알아차리기 위해 나 스스로를 관찰하는 연습이 필요합니다.

2. 감정의 이유 찾아내기

- 마트에 오기 전 오늘은 장난감을 사지 않는다고 약속을 했음에도 고집을 피우는 아이의 모습에서 엄마는 약속을 지키지 않는 아이의 태도에 화가 납니다.
- 스스로 충분히 할 수 있으면서 습관적으로 엄마를 찾는 아이의 의존적인 태도에 걱정이 되는 마음에 화를 내기로 합니다.

엄마가 화가 나는 이유를 찾아냈다면 아이에게 어떤 행동이 화가 나는 이유인지를 설명해 줄 수 있습니다.

3. 참지 않고 바로 표현하기

- 마트 오기 전에 엄마랑 약속했으면서 계속 고집 피우니까 엄마가 화가 나는 거야.
- 엄마가 도와주지 않아도 할 수 있으면서 자꾸 엄마를 부르니까 엄마가 화내는 거야.

아이의 행동을 이유로 엄마가 감정의 변화를 느꼈다면 바로 아이에게 엄마의 마음을 이야기해 주는 것이 좋습니다.

이때 너무 많은 설명과 반복은 아이에게 그저 잔소리로 들릴 수 있기 때문에 단호하고 간결하게 내용을 전달하는 것이 중요합니다.

아이들은 가정에서 엄마와 아빠가 보여 주는 감정을 표현하는 모습을 모두 관찰하며 학습합니다. 그리고 똑같이 자신의 감정을 표현합니다. 특히 불편한 감정의 경우 상대방이나 나에게 상처를 주는 말과 행동으로 표현하지 않도록 알려 주어야 합니다. 욱하지 않는 엄마의 모습을 보며 자란 아이는 "엄마가 자꾸 안 된다고만 하니까 내가 속상해서 눈물이 나는 거야."라고 자신의 감정과 이유를 정확하게 전달하는 멋진 아이로 성장할 수 있습니다.

12) 과잉 보호를 멈춰 주세요

대한민국 육아 멘토 오은영 박사님께서 하신 유명한 말씀이 있습니다. '육아의 목적은 독립입니다.' 참 간단한 것 같으면서도 참 어려운 말입니다. '독립'이라는 단어에는 너무 많은 항목들이 포함되기 때문이죠.

하지만 분명한 것은 우리 아이들은 생각보다 스스로 할 수 있는 것이 무척 많다는 것입니다! 어른인 제가 봐도 깜짝 놀랄 정도로 깊은 생각을 할 때도 있고, 어렵고 복잡한 내용을 스스로 척척 이해할 때도 있습니다.

간혹, 수업하는 교실 안까지 들어와서 아이가 옷을 입었는지 벗었는지, 교실의 온도가 적당한지, 함께 공부하는 친구의 키, 사는 지역, 말투 등등 너무 세세한 부분까지 걱정하는 부모님들이 계십니다. 아이는 "엄마 가~."라고 싫다는 표현을 계속 하는데도 듣지 않고 본인의 마음이 놓여야 그제서야 자리를 비키시더라구요. 코로나 방역 문제로 학원 내 대기가 안 된다고 설명을 드려도 아이가 걱정되어 발걸음을 떼지 못하던 어머님도 생각납니다.

물론 귀한 우리 아이들을 생각하면 부모님들의 걱정 어린 마음과 이런 행동이 이해됩니다. 하지만 아이의 때에 따라서 사랑을 표현하는 방법도 조금씩 달라져야 합니다. 우리 아이는 아기에서 어린이로, 어린이에서 청소년으로 계속 성장하고 있기 때문이죠. 아이에게 스스로 세상에 나와서 살아갈 힘을 길러 주기 위해서는 우리 아이의 능력을 믿어 줘야 합니다.

나를 지나치게 보호하는 엄마를 바라볼 때 그 아이는 '우리 엄마가 나를 너무 사랑하는구나.'라고 생각할까요? 아이들은 '엄마는 왜 다른 엄마들과 다르지?'라고 생각할지도 모릅니다. 초등학교에 입학하고, 아이가 접하는 사회 집단의 범위가 넓어질수록 지나치게 나를 걱정하고, 보호하려는 엄마의 행동을 이해하기 어려워질 수 있습니다. 특히 사춘기가 찾아오면 그런 모습들에 조금씩 반발심을 느낄지도 모릅니다. 부모는 아이에게 아낌없이 주지만 사춘기가 되면 '내가 키운 아이가 맞나?' 싶을 정도로 아이들의 태도가 달라지는 경우가 종종 있으니 말입니다.

자, 이제 과잉 보호를 멈추고, '적당한 보호'를 시행해야 할 때입니다!

두드림 솔루션 - 과잉 보호 Stop! 적당한 보호 Tip!

1. 아이가 스스로 할 수 있는 것, 엄마가 도와줘야 하는 것을 구분 지어 보세요

이 과정에서 엄마 혼자 정하지 말고, 꼭 아이와 대화를 통해 함께 정해야 합니다. 아이를 과잉 보호하는 분들 중 우리 아이가 정말 원하는 것이 무엇인지 잘 모르는 분들이 많다고 생각합니다. 아이와의 충분한 대화를

키즈스피치 원장들의 수다

통해 아이의 의견을 꼭 받아들이시고, 엄마의 생각을 논리적으로 전달하는 올바른 대화법이 필요합니다.

2. '명령형'보다 '제안형' 대화법을 사용해 주세요

"우리 딸이 이제 2학년이 되었으니까 엄마가 이야기하지 않아도 처음 만나는 사람에게 인사할 수 있을 것 같아. 한번 도전해 볼까?" 제안하는 방식으로 대화를 이어 가시는 것입니다. '이렇게 하자. 저렇게 해. 이건 아니야.'처럼 아이에게 명령하는 말투는 피하시는 게 좋습니다. 또 '아직 어린데.', '네 나이 때 이런 거 하는 거 아니야.' 등등 아이가 할 수 있는 범위를 부모가 미리 제한하지 않는 것도 중요합니다.

3. 반대로 하지 말아야 할 것들에 대해서도 아이가 이해할 수 있게 설명해 주세요

무조건 하지 말라고 하면 더 하고 싶은 마음이 커지는 것에 공감하시죠?

아이들에게 하지 말아야 할 규칙을 이야기할 때는 '설명'을 해 주세요!

"지금 두발자전거는 혼자 타기 위험할 수 있으니까 엄마 아빠와 충분히 연습한 뒤에 혼자 타는 걸 도전해 보자. 엄마는 우리 아들이 다치면 속상해." 설명과 함께 아이에게 엄마의 상황과 감정을 잘 전달해 주세요!

4. 아이가 할 말은 아이가 직접 하게 해 주세요

간혹 아이에게 이름을 물어보면 부모님께서 대신 대답하는 경우가 있습니다.

저는 그럴 때 부모님께 꼭 말씀드립니다.

"저는 아이에게 물어보았습니다. 스스로 대답할 수 있도록 해주세요."

아이 스스로 의사 표현을 하는 훈련이 필요합니다. 아이의 말을 막지 마시고, 아이가 할 말은 아이가 하게 두세요. 그리고 부모님은 귀를 열고 아이의 이야기를 끝까지 들어주세요.

5. 아이의 '해결사'가 아닌 '조력자'가 되어 주세요

우리 아이에게 평생 좋은 일만 있으면 좋겠지만 그건 현실적으로 불가능합니다.

힘들고, 부정적인 상황에 부딪혀봐야 세상을 살아가는 힘을 기를 수 있습니다.

아이가 부정적인 상황을 맞닥뜨리지 못하게 차단하는 것은 아이에게 치명적일 수 있습니다. 나의 부정적인 감정을 잘 소화하고, 이겨 낼 줄 알아야 이 사회에 필요한 멋진 일원으로 성장할 수 있습니다. 아이가 힘들고 괴로운 상황에 놓였을 때 부모님께서 해결하려고 하지 마시고, 아이의 든든한 조력자가 되어 주세요.

부모님은 아이가 무조건적으로 신뢰할 수 있는, 아이의 평생 조력자이니까요!

엄마와 함께하는
키즈 스피치
실전 교육법

1) 햄버거 말하기 법칙

(1) 워밍업

○ 발음 릴레이

재미있는 활동으로 집중력과 발음 up!

• **활동 방법:**

1. 두 명이(엄마와 아이) 각각 발화 순서를 정한다.
2. 타이머를 켜 놓고 한 명씩 주어진 미션 문장을 소리 내어 읽는다. *읽다가 틀리면 처음부터 다시 시작한다.
3. 최종 미션 문장까지 정확하게 읽은 후 종료 시간을 확인한다.
4. 그다음 사람이 똑같이 미션을 수행하고 가장 빠른 시간 안에 최종 문장을 마친 사람을 따져 승패를 정한다.

• **미션 문장**

들의 콩깍지는 깐 콩깍지인가 안 깐 콩깍지인가.

깐 콩깍지면 어떻고 안 간 콩깍지면 어떠냐?

깐 콩깍지나 안 깐 콩깍지나 콩깍지는 다 콩깍지인데.

경찰청 철창살은 외철창살이냐 쌍철창살이냐.

경찰청 철창살은 쇠철창살이냐 철철창살이냐.

* 게임을 활용하면 안 틀리기 위해 최대한 집중하여 읽기 때문에 발음 향상에 많은 도움이 돼요~.

(2) 생각 키우기

① 햄버거 법칙을 활용하여 논리 있게 생각 키우기

햄버거 말하기란?

말을 조리 있게 하기 위해서는 3단계 말하기 화법인 '햄버거 말하기 법칙'에 맞춰 이야기하면 됩니다. 햄버거가 빵과-재료-빵의 순서로 만들어지듯이, 내가 말하고자 하는 바를 3등분으로 나누어 주제(하고 싶은 말)-이유나 설명-주제(했던 말)로 말하는 햄버거 말하기 구조를 익혀 전달하는 연습을 하면 논리력 향상에 도움이 됩니다.

예를 들어 주제가 꿈일 경우!

빵 (주제, 하고 싶은 말)	제 꿈은 의사입니다.
재료 (이유나 설명)	왜냐하면 의사가 되어 아픈 환자들을 치료해 주고 싶기 때문입니다.
빵 (주제에 대해 하고 싶은 말을 한 번 더 강조해서 정리)	그래서 저는 의사가 되고 싶습니다.

* 햄버거 말하기 법칙을 연습하다 보면 장황하고 두서없이 말하는 우리 아이들의 이야기가 간단 명료, 논리 정연해질 수 있을 거예요. ^^

② 맘스 코칭법 "아이에게 이렇게 가르쳐 주세요"

Q1: "○○야(아)~. 오늘은 가족에게 바라는 점이라는 주제로 얘기를 해 보려고 해~. ○○는 가족에게 바라는 점이 뭐야?
(아이의 생각 듣기.)
Q2: 그렇구나~. 왜 그렇게 생각해~??
(아이의 생각 듣기.)
A: 그래서 ○○가 바라는 점이 그거구나!
Q4: 그럼 지금 한 이야기들을 연결해서 쭉 얘기해 볼까??

빵 (주제, 하고 싶은 말)	제가 가족에게 바라는 점은 _____에요.
재료 (이유나 설명)	왜냐하면 _____ 때문이에요.
빵 (주제에 대해 하고 싶은 말을 한 번 더 강조해서 정리)	그래서 저는 _____ 바라요.

(3) 실전 발표

○ 주제: 가족에게 바라는 점

안녕하세요? 저는 ○○○입니다.

제가 발표할 주제는 _____
_____ 입니다.

제가 가족에게 _____

_____

_____

왜냐하면 _____

_____

_____ 때문입니다.

그래서 저는 _____

_____

_____

지금까지 제 이야기를 들어주셔서 감사합니다.

키즈스피치 원장들의 수다

2) 브레인스토밍 훈련

(1) 워밍업

○ 포스트잇 호흡놀이

• **활동 방법:**

1. 포스트잇을 코나 볼 위에 붙여요.

2. (복식 호흡을 하며)숨을 들이마시고 입으로 숨을 후! 있는 힘껏 포스트잇을 향해 뱉어요!

3. 이때 코에 붙은 포스트잇을 누가 제일 높이 혹은 붙은 포스트잇을 얼굴에서 누가 제일 먼저 떨어트리게 할 수 있는지 시합해요.

* 복식 호흡을 활용한 호흡량 늘리기 훈련으로 뱃심을 길러주게 됩니다. ^^

(2) 생각 키우기

① 브레인스토밍을 활용하여 생각 키우기

브레인스토밍이란?

"두뇌 폭풍"이라는 의미로 주제나 질문을 받았을 때, 두뇌에서 폭풍이 휘몰아치듯이 생각나는 아이디어를 고민하지 말고 마구 꺼내어 말해 보는 사고 기법입니다.

예를 들어 나에 대한 주제를 받았으면 그 주제와 관련해서 생각나는 것들을 마구마구 무조건 많이 적거나 말해 보고 그중 효과적인 생각들을 몇 가지 선택해 스토리텔링하면 됩니다.

예시)

〈주제: 나〉

• 떠오른 생각
13살, 남자, 공부, 스트레스, 막내, 안경, 축구, 치킨, 반장⋯.

• 선택한 단어
13살, 남자, 공부, 스트레스

• 스토리텔링

저는 13살 남자입니다.

요즘 공부를 많이 해야 하는 시기라 굉장히 스트레스를 받고 있습니다. 그래서 저는 축구로 스트레스를 풉니다.

* 브레인스토밍은 스피치의 첫 시작입니다.

주제에 대해 자유로운 사고를 넓혀 가는 단계이니 만큼 아주 중요한 단계랍니다. ^^

② 맘스 코칭법 "아이에게 이렇게 가르쳐 주세요"

Q1. 여행 하면 떠오르는 단어를 마구 적어 볼까?

예) 제주도, 가족, 비행기 , 추억 ,해수욕장, 호텔 등.

Q2. 위에 적은 단어들 중에서 얘기하고 싶은 단어 3가지 정도를 뽑아 볼까?

예) 제주도, 가족, 호텔

Q3. 여행을 떠올렸을 때 왜 그 단어가 생각난 거야?

그 이유를 생각하며 여행에 대한 너의 생각을 적어 볼까?

예) 저는 여행하면 제주도가 떠올랐어요. 왜냐하면 작년에 가족들과 처음으로 제주도 여행을 갔었기 때문이에요. 제주도에서 잤던 호텔도 너무 좋았고….

(3) 실전 발표

○ 주제: 여행

안녕하세요? 저는 ○○○입니다.

제가 발표할 주제는
_____
_____ 입니다.

저는 여행하면 _____
_____
_____

왜냐하면 _____
_____
_____ 때문입니다.

그래서 저는 _____
_____
_____

지금까지 제 이야기를 들어주셔서 감사합니다.

1) 감정 이름 찾기

(1) 워밍업

○ 티슈를 활용한 호흡 훈련

재미있는 활동으로 집중력과 발음 up!

• **활동 방법:**

1. 각 티슈 한 장을 준비한다.

2. 하늘을 보며 티슈를 펼쳐 얼굴 위에 올린다.

3. 숨을 내쉬며 티슈를 하늘로 올라가게 한다.

4. 티슈가 땅에 떨어지기 전에 다시 숨을 내쉬며 반복해서 하늘로 올린다.

• **TIP!**

① 짧은 호흡으로 후! 후! 후! 긴 호흡으로 후~~~~!! 호흡량을 늘려 가요!

② 팀을 나눠 진행해 보세요. 티슈가 먼저 땅에 떨어지면 실패!

③ 얼마나 오래 티슈를 떨어뜨리지 않는지 시간을 기록하고 연습을 통해 시간을 늘려 가요.

* 티슈를 높이 올리기 위해 숨을 크게 들이마시고 끝까지 내쉬는 연습을 통해 호흡 연습과 함께 목소리를 크게 낼 수 있는 호흡 방법에 익숙해질 수 있습니다.

(2) 마음 키우기- 마음을 표현해요(감정 단어 이해하기)

• **활동 방법:**

1. 종이 한 장을 반으로 나눠 구분한다.

2. 좋아요. 싫어요 등 긍정과 부정의 감정 단어로 칸을 구분한다.

3. 좋아요 칸에는 아이가 알고 있는 긍정 감정 단어(행복, 기쁨), 싫어요 칸에는 부정 감정 단어(슬픔, 화남)를 적는다.

좋아요	싫어요
행복 / 따뜻함 즐거움 / 고마움 ….	화남 / 짜증남 속상함 / 불편함 ….

4. 엄마와 함께 내가 감정을 느낀 상황을 설명해 본다.

예시)

나는 엄마랑 마트에 갔을 때 행복했어.

블록을 못 맞춰서 속상했어.

5. 나의 감정을 알아본 후 그 이유를 엄마와 함께 이야기한다.

예시)

내가 열심히 그린 그림을 동생이 망쳐서 짜증났어.

약속한 시간이 지났는데 게임을 계속해서 엄마는 화났어.

• **TIP!**

① 지금은 나의 감정을 표현해 보는 시간이에요.

② 완벽하게 마음을 표현하는 것이 어려울 수 있어요.

③ 교육이 아닌 공감!!을 해 주세요.

* 경험을 공유하며 올바른 감정 단어를 함께 알아 가요.

내가 느끼는 감정의 변화를 알아차리고 감정 단어를 활용해 볼 수 있어요. 이제 자세하고 정확하게 나의 마음을 표현할 수 있어요~.

(3) 실전 발표

○ 주제: 나의 감정 소개하기

안녕하세요. 저는 ○○○입니다.

제가 발표할 주제는 _____

_____ 입니다.

저는 _____ 할 때

_____

_____ 감정이 들었습니다.

왜냐하면 _____

_____

_____ 했기 때문입니다.

다음에는 _____

_____

_____ 했으면 좋겠습니다.

지금까지 제 이야기를 들어주셔서 감사합니다.

2] 동화 주인공 되어 보기

(1) 워밍업

○ 목소리 크게, 더 크게!

재미있는 활동으로 집중력과 발음 up!

• **활동 방법:**
1. 주어진 문장을 한 글자 한 글자 소리내서 천천히 읽어 본다.
2. 강조해서 읽을 부분을 표시한다. (특정 단어, 글자)
3. 강조할 부분은 조금 더 큰 목소리로 읽어 본다.

• **미션 문장**
기린이 창문을 열어요.
매일 계단을 올라가요.

새가 룰루랄라 노래해요.

볼에 약을 발라요.

* 배에 힘을 주어 더 큰 목소리로 말하는 연습을 통해 강조할 내용이 잘 전달될 수 있는 강조하는 말하기를 연습할 수 있습니다.

(2) 마음 키우기- 마음을 공감해요

• **활동 방법:**

1. 좋아하는 영화나 동호책을 선택한다. (전체적인 내용이 어렵다면 그림책 한 페이지로 시작해 보세요.)
2. 이야기 속 등장인물의 마음은 어떨지 생각해 보고 표현해 본다. (주인공만이 아닌 다양한 등장인물도 함께 생각해 보면 더욱 좋아요.)
3. 나라면 어떤 마음일지 짐작해 보고 그 이유를 설명해 본다.

   예시) 겨울왕국의 엘사를 보고….

   →엘사는 얼음을 만들어 내는 모습을 보고 사람들이 무서워하니까 슬플 것 같아.

   →내가 엘사라면 화가 날 것 같아 왜냐하면 일부러 얼음을 만드는 것이 아닌데 사람들이 무섭다고 싫어하니까.

* 직접 경험하지 않은 상황을 이해하고 공감하는 것은 어려운 과정입니

다. 아이가 어려워한다면 엄마가 먼저 이야기를 들려주세요. 내가 느끼는 감정은 서로 다를 수 있습니다. 감정에는 정답이 없다는 것을 기억해 주세요.

(3) 실전 발표

○ 주제: 마음 이해해 보기

안녕하세요? 저는 ○○○입니다.

제가 발표할 주제는 _____

_____ 입니다.

저는 _____ 보고

_____

_____ 마음일 것 같았습니다.

왜냐하면 _____

_____

_____ 때문입니다.

저라면 _____

_____

_____ 했을 것 같습니다.

지금까지 제 이야기를 들어주셔서 감사합니다.

1) 가족 뉴스 아나운서 되어 보기

(1) 워밍업

○ 단계별 문장 읽기

처음에는 어려웠던 문장도 연습을 하다 보면 능숙하게 읽게 됩니다!
함께 연습하며 확인해 보세요!

• **활동 방법:**
  1. 천천히 소리 내어 읽어 본다.
  2. 입을 크게 벌려 중간 속도로 읽는다.
  3. 최대한 빠르게 읽는다.

*가족과 함께 게임을 하듯이 즐겁게 해 보세요!
처음에는 서툴고 어렵게 느껴지지만 반복 연습을 하다 보면 반드시 능

숙하게 읽을 수 있게 된다는 것을 알려 주세요!

· **연습 문장**

  - 1단계

  간장공장 공장장은/강 공장장이고

  된장공장 공장장은/장 공장장이다.

  - 2단계

  안 촉촉한 나라에 살던 안 촉촉한 초코칩이

  촉촉한 나라의 초코칩을 보고

  촉촉한 초코칩이 되고 싶었는데

  촉촉한 초코칩 나라의 문지기가

  "넌 촉촉한 초코칩이 아니고 안 촉촉한 초코칩이니까

  안 촉촉한 초코칩 나라에서 살아!"

  라고 해서 안 촉촉한 초코칩은 다시

  안 촉촉한 나라로 돌아갔다.

(2) 표현력 키우기- 가족 뉴스 만들기

  1. 우리 가족의 모습을 그림으로 그린다.

  2. 완성된 그림을 보며 가족에 대해 이야기를 나눈다.

* 질문지를 참고하여 아이와 다양한 주제로 대화를 나눠 보세요!

○ 질문지

- 가족과 갔던 여행 중 가장 기억에 남는 여행은?

- 우리 엄마의 장점은?

- 우리 아빠의 장점은?

- 나의 장점은?

- 우리 가족이 가장 많이 하는 말은?

- 앞으로 우리 가족과 함께하고 싶은 것은?

- 우리 가족에게 감사한 일은?

- 우리 가족에게 주고 싶은 선물은?

　　　　　　　　　　　키즈스피치 원장들의 수다

(3) 실전 발표

○ 주제: 아나운서가 되어 가족 뉴스 전하기

안녕하세요. 아나운서 ○○○입니다.

우리 가족 뉴스입니다.
아빠 소식입니다.

_____

_____

_____ 소식입니다.

_____

_____

_____ 소식입니다.

이상 뉴스를 마치겠습니다. 시청해 주신 여러분, 감사합니다.

*Tip!

가족들이 청취자가 되어 집중하고 경청하는 발표 분위기를 만들어 아이가 발표에 몰입할 수 있도록 도와주세요!

발표가 끝난 후 뜨거운 박수와 칭찬은 아이의 자신감과 표현력을 키워줍니다!

2) 전신상과 함께 자기 소개하기

(1) 워밍업

○ 과자 녹이기 게임

• **활동 방법:**

1. 크래커, 비스킷 등의 과자를 준비한다.

2. 같은 크기의 과자 조각을 입에 넣는다.

3. 혀만 이용하여 입천장에 있는 과자를 먼저 먹는 사람이 승리!

○ '르' 발음 연습하기

• **활동 방법:**

라 랴 러 려 로 료 루 류 르 리

　　　　　　　　　키즈스피치 원장들의 수다

리리 리자로 끝나는 말은

괴나리 보따리 댑사리 소쿠리 유리 항아리

리리 리자로 끝나는 말은

꾀꼬리 목소리 개나리 울타리 오리 한 마리

* Tip!

'ㄹ' 발음을 할 때는 혀의 시작점이 중요한데요.

혀로 과자를 부시고 녹였던 것처럼 혀끝을 입천장 앞쪽에 붙였다가 떨어트리며 소리를 내면 정확한 발음을 할 수 있습니다!

(2) 표현력 키우기- 전신상 만들기

(준비물: 전지, 색연필)

• **활동 방법:**

1. 전지 위에 눕거나 선다.

2. 누운 사람의 몸을 따라 테두리를 그린다.

3. 함께 완성된 자신의 전신 그림을 색칠하며 완성한다.

(질문지를 참고하여 대화를 나누면서 완성해 보세요!)

○ 질문지

1. 우리 ○○눈이 어떻게 생겼나 그려 볼까?

2. 우와~눈도 크고 반짝반짝하네~? ○○가 거울 보고 직접 그려 볼까?

3. 내 몸이 잘하는 것들을 찾아보자~!

4. 내 다리가 잘하는 건 뭐지?

5. 내 입이 가장 많이 하는 말은?

6. 내 귀가 가장 좋아하는 말은?

7. 내 마음이 가장 행복했을 때는 언제야?

8. 내 마음은 무슨 색일까? 골라서 한 번 칠해 보자.

9. 내 마음이 가장 좋아하는 것은 무엇일까?

(3) 실전 발표

○ 주제: 전신상과 함께 자기 소개하기

(전신상 옆에서)

안녕하세요. 저는 ○○○입니다. 지금부터 제 소개를 시작하겠습니다.

제가 좋아하는 것은 _____

왜냐하면 _____

_____

_____ 때문입니다.

그리고 제가 잘하는 것은 _____

_____ 입니다.

앞으로 여러분과 _____

_____ 지내고 싶습니다.

제 소개를 들어주셔서 감사합니다. ^^

*Tip!

자기소개는 언제 어디서든 하게 될 기회가 많습니다.

아이가 새로운 곳에 가서도 기본적인 자기 소개를 자신 있게 할 수 있도록 새로운 곳에 가기 전에 미리 연습을 해 두면 좋습니다. ^^

대한민국 모든 엄마들을 응원합니다

생각이나 감정을 표현하는 중요한 도구인 말을 통해 우리는 타인과 소통하며 살아갑니다. 이런 우리 생활에서 이루어지는 말을 통한 소통의 모든 영역을 다루는 것이 바로 스피치 교육입니다.

그렇다면, 스피치 능력은 기질적으로 타고나는 것일까요?

다행히도 그렇지 않습니다. 물론 기질적으로 말하기 능력을 타고나는 아이들도 있지만 대부분의 아이들은 꾸준한 스피치 훈련을 통해 올바른 스피치 능력을 키울 수 있습니다.

'무조건 크게! 무조건 또박또박!'이 아닌 '어떻게 하면 크고 재미있게' 말할 수 있는지 그 방법을 알려 주어 말하기의 재미를 느끼고, 말하기 자신감을 가지도록 도와주어야 합니다.

두드림 키즈 스피치는 키즈 스피치 교육을 생소하게 생각하던 10여 년 전부터 다양한 고민을 가진 많은 학부모님들과 아이들을 만나며, 오랜 연구를 통해 다양한 어린이 전문 교육 커리큘럼과 체계적인 콘텐츠를 연구 개발하였고, 이를 교육에 꾸준하게 접목하며 많은 아이들의 변화와 성장을 가까이서 지켜봤습니다.

특히 스피치는 그 사람의 성향의 영향을 많이 받는데요. 사람의 성향은 자라나는 환경과 밀접한 관계가 있습니다. 그래서 저희 두드림 키즈 스피치 교육센터에서는 가장 먼저 부모님과의 상담을 통해 아이 주변의 다양한 환경에 대해 듣고 가정에서 함께할 수 있는 코칭법에 대해서도 늘 피드백을 드리고 있습니다.

센터에서 전문가 선생님에게 받은 교육이 일상생활에 잘 스며들 수 있도록 가정에서 환경이 잘 조성된다면 아이의 변화는 더욱 빠르고 드라마틱하게 변화할 수 있습니다.

제가 아이들을 만나 스피치 교육을 지도한 지 딱 11년이 되었는데요, 그 사이 저의 딸아이도 어느덧 11살이 되었습니다. 스피치 선생님으로 그리고 딸아이를 키우는 엄마로 지난 11년을 보내며 누구보다 말하기의 중요성에 대해 잘 알게 되었고 아이들이 성장해 나가는 환경에 맞춘 적절한 스피치 교육이 얼마나 필요한지도 절실히 느끼게 된 순간이 많았습니다.

하지만 막상 내 아이에게 바른 말하기를 교육하는 것이 생각보다 쉽지 않다는 것을 저 또한 엄마로써 느끼는데요, 그래도 엄마가 매 순간 아이들을 위해 노력해야 하는 이유는! 엄마가 아이들에게 하는 말에 조금만 주의를 기울이면 엄청난 변화가 생긴다는 사실 때문입니다.

특히 아이와 가장 오랜 시간을 보내는 엄마가 아이에게 조금만 주의를 기울이면 똑같은 상황에서도 다르게 말할 기회가 생기고, 엄마의 달라진 신중한 말을 통해 아이와 제대로 된 대화를 시작할 수 있습니다. 이 대화가 이어지면 결국 아이의 말하기도 서서히 긍정적으로 변화하게 됩니다.

오늘 엄마의 노력은 내 아이의 멋진 내일이 될 것입니다.

내 아이의 멋진 내일을 위해 오늘도 육아 현장에서 고군분투하고 있을 대한민국 모든 엄마들을 응원하며 이 책을 전합니다.

마지막으로 '키즈 스피치 교육은 역시 두드림이지!'를 외쳐 주셨던 수많은 학부모님들, 지난 10년간 두드림과 함께 성장해 준 수많은 아이들, 모두 내 자식 같은 마음으로 아이들 한 명, 한 명 사랑으로 가르쳐 주신 두드림 원장님과 선생님들, 두드림을 인연으로 오랜 시간을 함께 가고 있는 나의 동지이자 공동 저자 진겸 원장님, 미란 부원장님, 은지 원장님, 예빈 원장님께 진심으로 감사의 마음을 전합니다.

저자를 대표하여
두드림 키즈 스피치 대표원장 유주화

아동스피치 전문가 5인, 엄마들의 고민에 답하다!

키즈스피치
원장들의 수다

ⓒ 유주화 · 이진겸 · 허미란 · 이은지 · 김예빈, 2022

초판 1쇄 발행 2022년 9월 6일

지은이   유주화 · 이진겸 · 허미란 · 이은지 · 김예빈
펴낸이   이기봉
편집   좋은땅 편집팀
펴낸곳   도서출판 좋은땅
주소   서울특별시 마포구 양화로12길 26 지월드빌딩 (서교동 395-7)
전화   02)374-8616~7
팩스   02)374-8614
이메일   gworldbook@naver.com
홈페이지   www.g-world.co.kr

ISBN   979-11-388-1219-1 (03370)